释迦牟尼

Sakyamuni

释迦牟尼

Sakyamuni

皮波人物国际名人研究中心 编著

国际文化出版公司

·北京·

图书在版编目（CIP）数据

释迦牟尼/皮波人物国际名人研究中心编著.—北京：国际
文化出版公司，2013.3
　（名人传记丛书）
　ISBN 978-7-5125-0476-9

　Ⅰ.①释…　Ⅱ.①皮…　Ⅲ.①释迦牟尼(约前565～前485)—
传记　Ⅳ.①B949.935.1

中国版本图书馆CIP数据核字（2012）第320419号

名人传记丛书·释迦牟尼

作　者	皮波人物国际名人研究中心 编著
责任编辑	赵　辉
统筹监制	葛宏峰　刘　毅　周　贺
策划编辑	刘露芳
美术编辑	丁鍂煜
出版发行	国际文化出版公司
经　销	国文润华文化传媒（北京）有限责任公司
印　刷	三河市嵩川印刷有限公司
开　本	700毫米×1000毫米　　　16开
	11印张　　　　　　　　102千字
版　次	2013年3月第1版
	2020年9月第2次印刷
书　号	ISBN 978-7-5125-0476-9
定　价	27.50元

国际文化出版公司
北京朝阳区东土城路乙9号　　邮编：100013
总编室：(010) 64271551　　传真：(010) 64271578
销售热线：(010) 64271187
传真：(010) 64271187-800
E-mail: icpc@95777.sina.net
http://www.sinoread.com

目录

目录

目录

目录

佛陀的身世

诞生于王族

　　佛教与基督教、伊斯兰教并称为世界三大宗教。佛教的创始人释迦牟尼，出生于2600多年前的古印度迦毗罗卫国（今尼泊尔境内）。关于他的传说很多，而且很大一部分是经他的弟子和信徒们记述流传下来的。由于他的身份和出生年代久远，本书对各种渠道所收集到的资料进行整理，尽量本着客观真实的态度叙述他的生平事迹。

　　释迦牟尼是释迦族人。他的父亲是迦毗罗卫国的国王净饭王，母亲是摩耶夫人。

　　父亲净饭王年轻有为、勤政爱民，他治理的国家物阜民丰。王后摩耶夫人，端庄漂亮、性情贤淑。但是可惜的是他们已近中年，却膝下无子。摩耶夫人屡次请求国王以后嗣为重，再多娶一些妃嫔，但是国王都拒绝了。

　　就这样，摩耶夫人直到40岁还没有孩子。一天晚上，她梦见一位仪表堂堂的人骑着一头白象从天而降，自右肋进入了她的腹中。摩耶夫人惊醒后，把梦里的情形告诉了净饭王，净饭王也感觉很诧异。奇怪的是，从此摩耶夫人不再像

传说释迦牟尼第一次洗澡的水池

以往那样，天天为后嗣问题担忧、发愁。她经常独自一个人静坐在林间或湖畔沉思，心情也变得平和、宁静了许多。

慢慢地，她感觉到自己的身体有了些变化，经御医诊断，摩耶夫人已经怀有身孕。获此消息，净饭王欣喜异常，多年来积压在心头的郁闷扫空了，心情变得很开朗。

不知不觉九个多月过去了，即将临产的摩耶夫人请求净饭王准许她照习俗回娘家去生产，净饭王便亲自率领侍女们护送她前往。一行人走到国都郊外的蓝毗尼花园，决定休息一会儿。

就在休息的时候，摩耶夫人在一株苍翠的无忧树下生下了王子。母子平安，摩耶夫人神态安详，没有痛苦。不仅如此，太子诞生时，天空格外光明，百花开放，百鸟齐鸣。太子生下后，自己走了七步，还高举右手说："天上天下，唯我独尊。"

没过多久，一位苦行仙人求见净饭王。他是远离爱执、常入禅定的智者，他发现太子生得极好的相貌，便说这位太子不会执著物欲，贪享富贵，将来一定会舍弃王位出家修行，他有能让世间的愚痴众生消除烦恼和蒙障的能力，他能参悟诸佛大法，用最高的真理教化人间，他是未来的大觉者。

最后这位智者又欷歔感叹道："我年事已高，不久于人世，很遗憾不能亲自聆听佛陀法语了。"

听了这番话，净饭王忧喜参半。

文武双全

太子出生后的第五天，净饭王请了许多权威学者一起商量给太子取名。最后根据太子诞生时所出现的种种稀有瑞相，便决定取名为——悉达多·乔达摩。悉达多的意思是，具备了一切德行。

很不幸的是，悉达多太子出生后七天，母亲摩耶夫人便去世了。从此悉达多太子便由姨母（摩耶夫人的胞妹）摩诃波阇波提（或称波提夫人）抚养。除了姨母的关爱，净饭王还派了许多宫女轮流伺候，陪他玩耍。后来摩诃波阇波提做了净饭王的王妃，又生了一个儿子，即后来的难陀。

悉达多太子七岁那年，父王聘请名师为他讲课。讲授的内容主要是哲学方面的四部《吠陀》，就是古印度婆罗门教的四部根本圣典。雅利安族最初住在印度西北时，对日月风云、水火山川等自然现象很崇拜，他们相信有神灵，便对其祈祷现世幸福。崇拜的神灵，从自然界的物体开始，逐渐相信他们有道德性质，并能对人间施以赏罚，所以便逐渐产生了一些赞颂神灵和祈祷祭祀的诗歌，这些东西汇集成了四部宝典，即《吠陀》。

还有科学方面的"五明"，古代印度的五类学科。全称五明，即声明、工巧明、医方明、因明和内明。前四明是各个学派共同的，后一明各学派都有自己的典籍、宗旨，内容也不相同。如佛教以三藏十二部经典教义为内明，婆罗门教则以四部《吠陀》为内明。

不到五年，聪明的太子就精通了五明、四吠陀的学问。连被聘来教书的学者们都佩服他的智慧，承认自己已无法再继续做太子的老师而纷纷请求离开。

12岁时，悉达多太子又开始练习武术。在当时，印度分为许多国家，竞相争霸。迦毗罗卫国的释迦族虽然地位崇高，但邻近的若干强国个个对其虎视眈眈。净饭王一心想把聪明的悉达多太子训练成文武双全的英明之主，他内心也期盼悉达多太子能够成为未来统一全印度的明君。

一次，净饭王召集众多族人子弟举办武技竞赛。悉达多的堂弟提婆达多一箭便射穿了三鼓，太子的弟弟难陀也射穿了三鼓，四周围观的人都拍手叫好。轮到悉达多太子时，他拿起弓，看了一眼，转头对侍从说："这支弓不够强，快去把祖传的宝弓拿来。"

侍从便把宝弓拿过来，太子接过来试了试，搭上箭，瞄准目标射出去，一下子居然穿过了七鼓。周围欢声雷动，对太子赞赏不已，净饭王更是欣喜异常。

太子臂力惊人，各种兵器都是一学便会，并很快能纯熟精通。

忧郁的太子

当时的印度，也就是3000年前的印度，等级划分特别明显，有征服者和被征服者两大阶层，征服者间还分为贵族和平民；被征服者就是被压迫、受歧视的奴隶。

征服者的最高阶级是"婆罗门"，他们是古印度司祭祀的宗教徒。他们为了维持自身的权益和地位，把社会上的人分为四个阶级，而列为第一的就是他们自己。

第二个阶级是"刹帝利"。他们与婆罗门同样是被尊敬的王族，他们所处领地内的土地和人民都是他们所有的。

第三个阶级是"吠舍"，也就是农工商阶级。他们终年劳动，没有机会接受教育，处处受婆罗门和刹帝利阶级的剥削和压迫，不敢反抗。

第四个阶级是"首陀罗"。这是最低下的一个阶级，在婆罗门看来，他们天生就是卑贱的人。在《摩奴法典》中有这样一段记载：假若首陀罗以轻侮的言语提及再生的人，那就要砍断他们的舌头；如果说出了再生人的名或姓，那就用烧红的铁铣插进他们的口中；假若他们不接受婆罗门的指示，国王有权命人将热油灌入他们的耳里或口中。

由此可见，这一阶层的人的生活是何等的悲惨与不幸！

悉达多太子就出生在这么一个阶级悬殊的社会里。他自己虽然是刹帝利的王族，但他从不愿意用权势压迫别人，他自幼就具有慈悲、平等的博爱心肠。

身处王宫，他过着锦衣玉食、歌舞升平的生活。如此养尊处优的日子，谁不羡慕？但是悉达多太子不但不因此感到快乐，反而心生厌烦，终日郁郁寡欢。其实，悉达多太子的闷闷不乐，倒不是对周围事物有何不满。相反，正是因为自己身处宫内，奴仆如云，一呼百诺，他不理解人间为什么会有如此的阶级悬殊？他总是无法忘记幼年时陪同父王去巡视农村时的情景。烈日当空，炙热如火，农民们汗流浃背地辛勤耕耘，面目黝黑，不能休息，而自己却乘坐华盖马车，悠闲自在，这是何等的不公平！

他还看到田地里翻掘出来的泥土中有各类昆虫，它们被群鸟啄食，这种弱肉强食的惨状又是何等的残酷无情！他因目睹世间的不平和残酷而深感痛苦，这种愁绪郁积在他的心头，始终难以释怀。

而宫中的歌舞宴乐实在让他厌倦。一天，他请求父王准许他到城外去郊游。

只要是太子的请求，净饭王都会答应。他立刻命人清理街道，并严令：凡是太子经过的地方，不准有垂垂老者、呻吟病人、褴褛的乞丐和死者的尸骸。因为他知道太子爱惜民生，心地慈悲，恐他看见后心生感触。他又暗中吩咐跟随太子出游的臣属，密切注意太子的脸色，太子的一言一行都得详细向他报告。

驾车的御者名叫车匿。他驾驶着豪华的马车，后面一大群随从跟着，浩浩荡荡地出了王宫。街道两旁早已布满了绸缎帐幔，百姓们伫候道旁，争相目睹王子的风采。当马车经过时，他们齐声欢呼，太子也频频微笑答礼。

太子一行人走出都城不久，坐在车上的太子忽然看见了远处的一个佝偻老人，他拄着拐杖蹒跚前行，一副衰弱疲惫的样子。太子感觉很奇怪，就问车匿说："你看那个人，须发皆白，弯腰驼背，颤巍巍的样子，这到底是怎么回事啊？他生来如此，还是后来才变成这个样子的呢？"

车匿听太子这么一问，不知如何回答是好。实话实说，会引起太子的伤感，但是身为奴仆，他又不敢欺骗主人。

太子又催问："车匿，你怎么不说话？我问你，那个人是生来如此，还是后来才变成这样的？"

"太子，我不敢用假话欺骗您。前面那个佝偻走路的是一位老人，他须发都白了，皮肤干瘪，牙齿也掉光了，而且耳聋眼花，记忆力衰退，失去了青春的活力，如今全身是病，步履蹒跚，不拄拐杖便会跌倒。人到了老年，就只有痛苦，极少乐趣。

"他当初刚生下来的时候，一样是健康的婴儿。逐渐成长，由天真活泼、逗人喜爱的孩童长成大人，受欲望驱使，为了名利奔波劳碌，到头还是落得这副景象！"

太子听了这话，深深地叹了一口气，接着问道："是他一个人会老，还是所有的人都会老呢？"

车匿索性坦白地向太子禀告说："衰老是人生必经的过程，不论贫富贵贱，这是权势或金钱所不能改变的。"

太子一时陷入了沉思，他心想：衰老可以毁坏我们的身体，眼前的健壮就好比是一瞬间的美梦。世间的事事物物，时时刻刻都在变迁，人人如此，毫无例外，这怎能不让人悲伤呢？太子感叹世事无常，再也无心游览，便命车匿驾车回宫。

回到宫中，太子面对巍峨的宫殿、满桌的山珍海味、赏心悦目的歌舞，反而感觉更加寂寞空虚。老之将至的念头时时在脑际萦绕，于是他终日深锁双眉。

净饭王为让太子散心，便让部下小心伺候着太子外出。太子率随从来到郊外，看见路旁躺着一个垂死的病人，骨瘦如柴，腹大如鼓，还在不断地呻吟。他问车匿说："这个人为什么会变成这样子？"

车匿不敢隐瞒，据实回答："他生病了。人一旦生起病来，就会很痛苦，所以他才会不断地呻吟。"

"车匿，是他一个人生病，还是人人都会生病？"

"太子，世上的人，没病的时候，可以朝夕寻欢作乐，一旦生病了，就是这般痛苦。只要是人，总会生病，不论贫富贵贱，谁都避免不了。"

太子听他这么一说，又是一阵伤感袭上心头，他自忖："人生竟是如此的痛苦！芸芸众生终生愚痴，只顾拼命追求那种不实的欢乐，却不知老之将至，疾病会随时来临。"于是命令车匿驾车回宫。

净饭王看到太子一行人这么快就回城，很诧异，不知道到底发生了什么事。他逐一盘问随从太子出游的人，问到车匿时，车匿不敢隐瞒，据实禀告，受到了净饭王的严厉斥责。

为了让太子高兴，净饭王煞费苦心征集了许多歌舞美女，终日陪伴在太子左右，希望借声色之娱消除太子的忧虑，但是依然看不到太子舒展愁眉。净饭王千方百计地想看到太子的欢颜，他曾亲自出城巡视，相中了一处花木茂密的园林，立即命人布置，重修道路，把附近打扫干净。另外又挑选了许多姿色秀丽、善解人意的侍女随同伺候，然后催促太子再度出游。

太子不敢拒绝父王的一番心意，便率领随从再次来到郊外。半路上，他忽然看到几个人抬着一具棺木，还有人跟在后面，低头饮泣，面容悲戚。太子从没见过这种场面，不解地问车匿："这些人是干什么的？"

"棺木里躺着个死人，要抬到墓地去埋葬；后面跟着的是他的家人，因为要从此永别，不再见面，所以心里很哀痛。"

"什么叫死人？"

"一个人生了病或者年纪大了，衰老了，身体的各种机能便会损坏，到时候呼吸会停止，筋肉会僵硬，一切意识就全都消失了，再也不能活动。再过些时候，身体会腐烂，就只剩下一堆白骨。死是每个人的结局，即便权势再大，钱财再多，都避免不了如此结局，死亡无人能够替代。人死后，一切的名利、恩爱全得抛弃了，什么也带不走。"

"车匿，真的每个人都会如此吗？"

"有生就有死，这是必然现象，谁都不能避免。"

太子曾经看过生病和衰老的痛苦，如今又听说了人难免一死，死后，生前的一切全得抛弃，这是多么悲惨凄凉啊！为什么人们都意识不到世事无常，还要拼命追求名利、日日夜夜耽于逸乐呢？

父王的苦心

太子的表现，净饭王看在眼里，便回想起了智者的预言。他害怕太子会兴起出家的念头，但又想不出更好的办法，于是在悉达多太子 17 岁那年，给他选了美丽娴雅的耶输陀罗公主为妻。耶输陀罗公主是邻国拘利城主善觉王的长女，她气质高雅，面貌姣好，犹如天女下凡，把她嫁给文武超群、仪表堂堂的太子，在人们看来这简直是天作之合。

净饭王还招来知名的建筑工匠，营建春、夏、秋、冬四时宫殿，让太子住在里面没有寒来暑往的感觉。至于美酒佳肴、歌舞美女等，更是随时供应。净饭王想，这样总可以让年轻的太子断了出家之念了吧！

太子与耶输陀罗公主结婚后，倒也非常恩爱，没多久就生下一个男孩，取名罗睺罗。

这时候，净饭王更加安心了。他想，悉达多已经为人之父了，就如他对太子的爱一样，太子也会同样爱他的孩子，从而放弃出家的想法。

一天，太子又随同车匿外出回来。他们回到父王为他布置的园林，花木扶疏，流水淙淙，好一片幽美景色。不光如此，还有许多冶艳的侍女们等候在那儿，她们看见太子，便簇拥着他走到一棵浓荫的大树下，让太子舒适地坐在躺椅上，这些绝代美女使尽温柔解数，想要博得太子的欢心。

其实这都是净饭王苦心安排的。年老的国王希望这位文武双全的太子能够继承王位，治理迦毗罗卫国，进而成为统一印度的圣君。他对太子有如此高的期望，当然不能让他有出家的念头。在世俗人的眼光看来，任何人都难逃美色的诱惑。所以净饭王暗中吩咐心腹大臣，挑选了众多国色天香的佳丽，想要太子动心。

太子坐定后，眼看这些艳丽美女环绕左右，莺声燕语，而他此时想的是世事无常，每个人都会一天天地接近衰老和死亡，眼前的这批红粉佳丽转瞬间便会成为鸡皮鹤发的老妪，那里还有美艳动人之处？我们来到人间，都免不了老、病、死的过程，想到这些，太子感觉悲哀。如果人们终日浑浑噩噩，沉溺于五欲中，只知追逐爱欲、享乐，这与无知的禽兽有什么不同？让人感叹的是人们还把这短暂的现象视为永恒，看做真实，还如此愚昧地执著于此。世间就是一个苦海，是积聚老、病、死的大苦海，愚蠢的人们，沉溺在苦海里不能自拔，是多么可怜呀！

这样想着，太子内心愁闷悲切，眼前的轻歌曼舞、美酒佳人根本不能让他欢乐，反而更增加了几许忧伤。

太子总是闷闷不乐，净饭王看在眼里，很是焦急。他已经费尽心机，但收效不大，不知如何是好了。净饭王除了用美酒佳人、轻歌曼舞来取悦太子，还挑选了很多俊美聪明的贵族子弟来陪伴太子。他训练他们应对的礼仪，叮嘱他们要顺从太子的意思，凡事要投其所好，尽量地迎合他。父王的一番刻意安排，真是煞费苦心啊！

受沙门点化

一天，太子偕同这些贵族少年去郊外游玩，他把这批少年支使到一边，自己独坐在一株阎浮树下沉思，他所见过的老、病、死的惨状一一浮现在脑际。人生短暂，变幻无常，但是却没人能明白这生死、起灭无常的转变道理，只知终日拼命追求。人们都看得到别人的老、病、死，也知道恐怖，但是却不去想自己生命的短暂，依然为名利而执著，为不真实的娱乐戕害身体，这真是悲哀呀！他已看穿世间就是个苦海，不能再像一般人那样随着时间浮沉，他要战胜这转瞬即逝的青春年华，要征服可怕的老、病、死，不能眼看着世人永远受苦，要求得解脱大道，拯救这些沉溺在五欲苦海中的人们。

这时，恰巧有个修行者经过他面前，太子站起身迎上前去，恭敬地问道："请问你是什么人？为什么你的穿着跟一般人不同？"

"我是出家的沙门（梵语，就是出家修道的人），为求解脱而出家的。如今我没有了家庭的束缚，我远离了老、病、死的苦恼，我企求不生不灭、众生平等的境地。我现在隐居在寂静的山林里，远离尘嚣，断绝了世间的名、利、财、色欲望，我的心目中没有美丑、好恶之分，因为我已消除了自我观念。别人遇到的苦难，我感同身受，所以会尽力去解救他，但是没有追求回报的心理。"沙门滔滔不绝地说。

太子听罢，满心欢喜。因为他也有远离欲念，寻求解脱之道的想法，他也有救度众生的宏愿，只是不知该如何去做，幸好今天遇到了这位沙门，可以向他请教一番。于是他抬起头想要讨教一些问题，谁知他抬头一看，已不见了沙门的踪影。太子认为这一定是佛化身沙门来点化他的，于是心里便有了一个无可改变的决定。

太子回到宫中，立刻去见了净饭王，恳切地禀告说："父王，我已领悟到，这个世界就是老、病、死的积聚和连续，不论是贫富贵贱，谁都不能避免。虽然相聚时有欢乐，但终究还是要别离的。我希望能求取解脱人生苦海之道，恳求父王准许我出家吧。"

这让净饭王吃惊不小，他所担忧的事终于发生了，但他没想到会来得如此突然。老国王愁容满面，颤巍巍地扶着太子的肩膀说："儿呀！你年纪还轻，怎么会有这个念头？何况，世间并不像你说的那么可怕。即使有痛苦，但也有欢乐，怎么能断然把它形容成苦海呢？

"再说，即使你想要出家学道，至少要等到像我这样的年纪再去呀。因为这个国家需要你来治理，你怎么忍心舍弃年迈的父亲、抛开治国的重任毅然离去呢？这于情于理是说不过去的呀！你暂时先把这个念头打消吧，想要出家，就等你的孩子长大，能够继承王位掌理国政时再去，希望你慎重考虑一下。"

"父王的一番心意，我都知道，我也不想做一个不忠不孝的人。如果我的四个心愿能够得到满足，我就可以考虑不出家。"

"哪四个心愿？你倒是说说看！"净饭王似乎看到了一线转机，所以迫不及待地追问。

"第一，没有疾病。第二，不会衰老。第三，不会死亡。第四，任何事物都不损不灭。"

"孩子！你怎么会说出这种话？世界上最有权势的人、最有财富的人，也无法用权势和金钱去换取青春常驻、永不衰老！这番话如果让别人听了，还以为你浅薄无知呢！好了，不要多说了，我现在就把王位让给你，你就专心治理国政吧。"

"父王，没人能够满足我这四个心愿，那就请父王答应让我出家求道，让我自己去成就这四个愿望吧！父王啊！世间有合必有离，有聚必有散，这是谁都懂的道理。人生百年，终不免一死。但是令人感叹的是，芸芸众生却不知珍惜这短暂的生命，终日追逐那些不真实的、短暂的、庸俗的、自私的、戕害身体的享乐。人受五欲所迷惑，做了它的奴隶而不自知，实在可悲可悯！我们为什么不在合理的生活中寻求解脱呢？"

这时，净饭王已看出太子心意坚决，无法改变，而自己年已老迈，又急需有人接替王位。他便吩咐心腹大臣们轮番去劝说，同时又增选美女、歌伎，仍然寄希望用声色之娱来改变太子离宫出走的心意。

去意已决

骑马离宫

一天夜里，太子辗转难眠，想到花园里散散心。他走出寝宫经过大厅时，看到那些通宵歌舞的美女们都因太疲倦了而倒头昏睡。这些美女有的脂粉脱落、头发散乱；有的衣衫不整；有的流着口水，鼾声如雷；还有的张着嘴磨牙，总之丑态百出，丝毫看不见平日里的美感。看到这种情景，太子不禁深深叹了口气。什么风华绝代，什么国色天香，一切都是那么虚假！我不能再犹豫，要赶紧去寻求解脱。

太子主意已定，便轻轻地走到了耶输陀罗的房间里，深深地看了一眼正在熟睡的耶输陀罗夫人和罗睺罗，然后把车匿叫醒。

"车匿，去把我的白马犍陟牵来。"

车匿揉揉惺忪睡眼，低声问："太子，深更半夜，您要到哪里去？"

"我要出城，去饮甘露的泉水，那里有不死之乡。"

车匿不敢违抗命令，但还是劝谏："太子，夜深露重，可能会着凉，明天再走不行吗？"

"车匿，你不必多说了，快去把马牵来，快！"

车匿只好遵命而去。不一会儿，健壮的犍陟被牵来了。

太子抚摸着马背说："父王当初骑着你,往来于千军万马,终于战胜强敌。如今我要靠你带我到有甘露的不死之乡,犍陟,我们这就出发吧！"

说罢,太子跨上马背,车匿跟在后面,便悄悄地离开王宫,出城去了。这时,一弯新月斜挂在天空,静静的原野中,只有他们主仆二人。

天色微明,两人走了一程,来到一座山下,打听到山上茂密的森林里,有个名叫跋伽的人在苦修。

但见那山高林密,天上白云悠悠,鸟鸣啁啾,溪涧流水潺潺,这里的景色令人心旷神怡,俗念顿时消除。太子不胜欢喜,立刻下了马,诚挚恳切地对车匿说："车匿,你一直忠心不二地跟随着我,我心中有说不出的感激。如今我们不得不分离了,你骑着犍陟回城去吧,我要独自向真实光明的大道迈去。"

太子随即脱下衣服,换上袈裟,并且把随身佩戴的璎珞宝物都交给车匿说："这是我经常佩戴的东西,送给你留做纪念吧。"

忠仆车匿泪流满面,泣不成声。

太子把头上戴的宝冠拿下来交给车匿,说："把这个给父王。请转告父王,我为了从世间苦的根源——生、老、病、死中解脱,为了解救众生的苦难,要舍弃自身的安乐来修行学道。人不能沉溺在五欲中,因为一切忧愁苦恼均来自五欲。就说我吧,如果继承了王位,一时的荣华富贵,享用不尽,但是这些能够久远常存吗?到头来,不还是要离我而去?眼前的享乐早已埋下了痛苦的根源,想到这些,还有什么快乐可言?看看那些为人父母的人,在世时,拼命挣钱,自己舍不得吃用,一旦撒手西归,什么也带不走,大笔财富留给子孙,反而耽误了他们一生,这不是一个矛盾的循环吗?

"我能够毅然地舍弃这种世俗的欲望,不是为了寻求永久不变的真理,是想趁着现在还年轻体健的时候,去探索真理,免得年老时后悔。一定要替我转告父王,让他体谅我的这番心意。请父王保重身体,不要因我出家而悲伤。有聚必有散,别离是一件痛苦的事,所以才要寻求解脱之道。如果能够解脱,才能永久地没有别离,车匿,你懂吗?"

"太子,您让我牵马出来时,我就知道是这样的结果,但是又不敢违抗您的命令。有些话,我本不该讲,也不敢讲,如今见您心意如此坚决,再也忍不住了。太子,您这样一走,为什么不想想您年迈的父王?还有一直抚养您成人的摩诃波阇波提夫人,她为您付出了多少辛劳啊,您难道不想着报答她吗?还有迦毗罗卫国人民对您的殷切期望,您忍心对所有的一切弃之不顾吗?

"您让我独自回城,想您过去待我如此宽厚仁慈,我怎么能放心把您留在这荒郊野外,风餐露宿呢?再说了,我又有何颜面一个人回去见国王、摩诃波阇波提夫人和耶输陀罗公主呢?

"太子,您心地如此慈悲,见到龙钟老人,会为他叹息;看到病人,会关切忧伤。对别人尚且如此同情怜悯,难道就忍心把自己的亲人舍弃不顾吗?太子,我求求您,还是回城去吧!"

"车匿,为了我,你竟如此痛苦。但是我这也是想要摆脱这种痛苦,寻求解脱之道啊!你看,每到黄昏,倦鸟归林,第二天清晨,又要去觅食。那山顶的白云,远看云山相接,过不了多久,却又要飘离远去。人生聚散,又何尝不是如此呢?这种聚合的'假相',即是众苦之源。短暂的恩爱情仇就如一场春梦,世间事都是如此,又岂止你我而已!

"再说说树木,春天萌发新芽,然后逐渐枝叶茂盛,一到秋霜,枝叶便渐次凋落,进入严冬后便成了一株枯木。同在一枝的树叶,也避免不了聚散离合,何况是人呢?

"车匿,我就是为了要超越老、病、死的大海,解救众生的烦恼痛苦,才出家学道的。有朝一日目的达到后,我会回城的。否则,我就在这山林之间终老。你收起悲哀的心情,赶快回城去吧!"

太子刚说完,便拔出佩戴在车匿身上的宝剑,割下自己的头发以示决心,同时言语温和地安慰悲切的车匿,劝他即刻同城,然后安详地向林中走去。车匿知道事情已无可挽回,只好噙着眼泪望着太子的背影逐渐远去,最后消失在密林深处。

在当时的印度社会，普遍存在着一种家长制度。身为家长的男人扮演着相当重要的角色，他们的人生大致分为四个时期，第一个时期是学生期，在这个时期，他们会拜师学习，为了将来之用；第二个时期是住家期，就是结婚、教育子女、执行家长的任务，完成社会责任；第三个阶段是林栖期，这个时候孩子们都已长大成人，自己则进入老年，就会放弃世俗欲望，离开世俗生活，出家到山林间静修；第四个时期是游行期，这个时期是在林栖期间，如果感觉自己死期将至，就动身到各地去游历，以度过人生的最后一个时期。

净饭王打算在悉达多成年后，选择适当的时机出家，去过林栖生活。他原以为悉达多太子已经结婚生子，就会逐渐喜爱世俗的生活乐趣，到时候自己也可以安心退隐。当然，除了在林栖期出家的人以外，还有一种与年龄无关的出家，那就是一些研究哲学思想，希望能够参透人生及宇宙根本原理的人。他们为了自己的理想而出家，这种出家人被称为修拉摩拿（俗称仙人）。净饭王担心的就是悉达多太子去做修拉摩拿。

众人挽留

车匿泪流满面，没精打采地牵着犍陟返回王城。就连日行千里的良驹也好像因主人的离开而伤心难过，一副疲惫不堪的样子。太子出走的消息传开以后，全国上下惶惶不可终日，年迈的净饭王几乎茶饭不思，听说车匿已经回宫，便赶紧招来询问。

"你跟随太子私自出宫，现在为什么只有你一个人回来？"

"禀告大王，太子命我跟随出宫，我不敢违抗。我们到了一座高山下，听说山上有苦行林，太子便摘下宝冠、璎珞，脱下衣服，换上袈裟，一心要去访仙学道。我曾苦口相劝，无奈太子心意坚定，最后他用宝剑割下头发，以示决心。我怎么哀求都没用，只好独自回来向您禀报。我没能把太子劝回来，罪该万死，愿意接受大王的处置。"

说完，车匿便把太子的宝冠、衣物和头发等一一呈于净饭王。净饭王睹物伤情，昏厥了过去，群臣赶忙招来御医急救。这时，后宫的摩诃波阇波提王后和耶输陀罗王妃也赶过来探听消息。她们也早知道太子有出家学道的想法，但是没想到来得这么突然，突然听到这个消息，都悲恸欲绝！

一个是自幼把太子抚养长大，视同己出的姨妈；一个是结婚不久并生下王孙的爱妻，这分离如同死别。她们想到太子将以尊贵之身，行走在荆棘坎坷的道路中，在林间的石块上坐卧，受饥饿、寒冷等苦难，就如利剑穿心般痛苦。这种打击对她们是何等的残酷。

车匿是太子的忠仆，虽没能劝回太子，但他已尽心力，所以不便对他太过责备。现在大家认为最好的计划是根据车匿的汇报，派人去找太子，并设法把他劝回来。

两位贴心大臣自告奋勇，愿意亲自去劝说太子，并且表示他们有把握把太子请回城。

净饭王转悲为喜，命他们赶快出发，回来后，会重重赏他们。

两位大臣带着一批随从立刻离开王城向苦行林进发。打听过后，他们知道了悉达多太子的确切去处，满心欢喜，便马不停蹄地赶去。他们一边赶路，一边沿途打听，终于在半路上遇见了太子。太子虽然已除去华服身披袈裟，但是慈祥庄严的面貌，一眼就能认出来，大臣和侍从们赶紧下马行礼。

一位大臣走上前去，恭恭敬敬地说："太子，自从您离开王宫后，国王和王后都悲恸欲绝。听闻车匿的叙述，国王一度昏厥过去，现在仍然夜不成眠，食不知味，终日忧伤悲泣。眼看着国王一天天地消瘦下去，我们做臣下的看在眼里，实在于心不忍，但又无法劝慰。除非太子能够回心转意，否则年迈的国王怕会不久于人世。

"耶输陀罗王妃更是整天以泪洗面，幼小的罗睺罗王孙虽不懂事，但是他总是抱着王妃哭喊着要父亲。这种情景实在令人心酸。请您念及人世间所有的亲情，不要让国王、王后和王妃母子失望，立即返回王城吧！"

两位忠心耿耿的大臣声泪俱下地苦苦劝慰，他们接下来又宣读了净饭王给太子的信函："悉达多，我一早便知道你有求道以解脱世间痛苦的心愿，你能有这种仁慈善良的心愿，我很欣慰。但是修行不一定非得去深山幽谷里不可，在家孝顺父母，也是修行。世间广大，到处都可以修行。你说你要救度众生，但是你怎么能忘记眼前最需要你救度的人——你年迈的双亲、年轻的王妃，以及幼小的罗睺罗，还有迦毗罗卫国所有的百姓们！他们听说你出宫后，一个个都失魂落魄，惶惶不可终日。

"你再想想看，为什么不先救度忧伤过度的双亲、恩爱的王妃、幼小的王孙，还有殷殷盼望的举国百姓呢？置父母妻儿于不顾，能算是慈悲吗？

"悉达多，一想起你要居住在人迹罕至的深山丛林里，整天与毒蛇猛兽为伍，受狂风暴雨、雷电冰霜的侵袭，我的心就如同刀割！

"悉达多，真正的大法，不一定非要到深山丛林中去才能获得。我可以在王宫花园里为你开辟一个幽静修行的地方，等你治理国事几十年，罗睺罗长大成人，可以继承王位掌理国政时，你把政事交给他，然后再一心去修行，这不是很好吗？"

太子聆听了父王的旨意后，神色庄严地对两位大臣说：

> 我了解父王的忧伤，割断恩爱亲情固然痛苦，但是生、老、病、死更恐怖，所以我要早早寻求解脱，这是刻不容缓的大事。世间的人都执著于现在，因为人们都讨厌死亡，对生命无限眷恋。尽管如此，人终究难免一死，所以我必须去寻求解脱之道。

贤德的大臣们，我听到父王和母后的悲伤、焦急，也是肝肠寸断，痛彻肺腑！但仔细想来，就算我回去，也只是一瞬间的梦缘而已，到头来，我们还是要分离。

生是喜，灭是悲，聚是乐，离是苦。人生就是痛苦的根源，因为相聚总会分离。既然如此，何不随缘任其去留？

如果能够彻底了解这些只是暂时的虚假和合，那世间就没有什么可悲的事情了！离开暂时相处的亲属，还有更多亲属；离不开暂时的亲属，那未来的亲属也得不到，因为会合分离、分离会合原本就是悲哀的连续罢了！

人生下来就被五欲所役使，如果没有生，就可以不死，人好像就是为死而生，为死而受役使。现在我视富贵如浮云，弃王位如敝屣，我不想被这虚假不实的名位所束缚，因为那样我会终生害怕死神的来临，时时刻刻忧愁苦恼。我不想顺应世俗而与真理相违，那样我会更愚昧可怜！

我住在雕栏玉砌的宫殿里，感到有一种无常之火在炙烤着我；吃着山珍海味，却认为它是隐藏着五欲的毒药。清澈的莲池中藏有毒虫，显赫的名位是建立在别人的痛苦上。

以前就有一些圣明君主，见不得国家危难和人民痛苦，然后以怜悯之心去修行，希望从根本上改变现状，可见帝王治国安民远不及修行快乐。我宁愿去山林里吃蔬果野草，与禽兽为伍，也不想回王宫。我要从五欲的束缚中解脱出来，去过那种清净的山林生活。如果放弃修行，跟着你们回去，等于又要被爱执所缚，增加我的愁苦。

缅怀以往的先贤，他们为正法舍俗出家，不把名利给养放在眼里，而以金刚信念，百折不挠的勇气，毅然脱去华服换上法衣去过山林生活。我已经看到了生、老、病、死的可怕，所以放弃五欲的王宫生活。你们劝我回去，岂不是要把我推进火坑？

在王宫也可以修行，但是我想告诉你们，身处愚痴与迷妄中，绝不可能悟出解脱之道。解脱是生在寂静的地方。帝王的权威生活与寂静的解脱世界相反，动与静如水火不相容。想要寻求解脱，就必须要离开帝王的生活；拥有王者的权势，就不能企求解脱的妙境，两者不能并存。

两位大臣听了太子的一番宏论，道理已经说得很清楚，内心也很佩服，但是因为王命在身，完不成任务，该如何向国王复命交差？一时之间，他们不知如何是好。

大家沉默了好长时间，一位大臣又对太子说：

太子，以求道的立场来讲，您的这番话是很有道理。但是，请您想想，国王现在已风烛残年，您就不能尽孝心，顺从他的心意，等他百年之后，罗睺罗王孙长大成人后再出家学道吗？以您的聪明智慧，还没有看到更深层的道理，您只看到了"因"而没有顾及"果"，所以只是断然否定了现在而已。

有人认为有未来，有人认为没有未来，这有、无之间，并没有一定的标准，那又怎么能否定现在的快乐呢？如果有未来的话，甘心享受未来的"果"也就罢了；如果没有未来，"无"不就是解脱了吗？

大地的坚硬、火的炙热、水的流动、风的吹拂，这是自然的物性，不管现在、未来都是如此，是不会变动的。这么看来，今生享乐，未来还不是享乐吗？您觉得老、病、死可怕，一心想求解脱，如果凭着我们的力量可以达到目的，简直是欺人之谈，哪里有这个可能？水能灭火，火能把水煮干，这样一方存一方亡，互相增减的情形是自然的天性，这些自性调和起来，就能促成万物的生存。

例如婴儿在母体中，先有躯干再有各种复杂的器官，然后出现精神感觉。这也是自性调和而成，并非人力所能左右，可见人的力量是有限的。

一个人如果能够做到不违背先祖的礼教，学习《摩奴宝典》，奉祀天神，就可以说是解脱了。这也是古圣先贤流传下来的解脱之法，再没有其他什么解脱之道了。

至于出家后再还俗，这不算什么罪过。过去菴婆梨王舍弃妻子眷属到苦行林去修行，后来又回国执政；离开国家苦修的罗摩王子，当他知道国家爆发动乱，马上返国施行王化，这样的例子，不胜枚举。我们诚意恳请您赶快回去继承王位，能让老国王安享余年，也算是您的一番孝心啊！

大臣言辞恳切、态度真挚，但是太子的金刚信念是没什么能撼动的。他以祥和、平静的语气说：

对于未来是否存在犹豫不定，只会徒增疑惑之心。我以为只要有清净之智修行，必能领悟出真理。至于那些理论，我实在不敢苟同。菴婆梨王和罗摩王子当初舍弃一切去修行，后来又回国沉溺于五欲之中，智者是不会这么做的。

我再度强调我的决心，即使雪山之顶没入大海，我的金刚信念，永劫不变。如果让我改变心意，还不如直接把我投入烈火化为灰烬算了，我绝不做反复不定的事。

他们眼见太子求道心切，意志坚决，也只好跪下拜过后，退了下去。大臣经过商讨，最后从随从人员中选出侨陈如、阿舍婆誓、摩诃跛提、十力沸伽、摩男俱利等五人伴随太子去学道。

坚拒劝诱

太子和大臣们分手后，渡过恒河，经过灵鹫山，来到了摩竭陀国的首都王舍城。城里人民看到来了一位相貌、风度不俗的沙门，心生景仰，都停下来围观。这时正在宫殿高处俯览城内景色的摩竭陀国国王频毗娑罗王看见许多市民围着一个沙门，感到很惊奇，便招呼一个侍臣询问究竟。

侍臣恭敬地禀报："听说那位沙门是释迦族的后裔，本是迦毗罗卫国净饭王的太子，名叫悉达多。他天生一副世间罕有的殊荣尊相，而且聪明过人，因一心求道，才不惜抛弃王位、割断恩爱入山修行，现在是路过我们王舍城。

"悉达多太子身穿破旧袈裟，沿途步行乞讨。只要有人给他食物，不管好坏食物他都会深深作揖谢过，等走到郊外的树林间再进食。吃完后，再以溪间的清泉漱口，然后闭目端坐以修习禅定。"

频毗娑罗王听后，心里对这位尊贵的太子很敬仰，同时又觉得好奇，所以很想亲自去看他，于是便吩咐属下准备车马，带了少数随从向郊外进发。他抵达森林，远远地就看见悉达多太子正闭目坐禅。他不敢惊动太子，便先下了马车，再悄悄地走向前去。他看见太子庄严的相貌好像那湛然不动的清水，确是不同凡俗。这时太子抬起头来，睁开双眼看着频毗娑罗王微笑答礼。

频毗娑罗王在太子身旁的一块石头上坐下来，诚恳和蔼地向悉达多太子说："我知道你的身份，你就是即将继承王位的太子。我听说贵国人民对你这位德威兼俱、文武双全的王位继承人给予了很大期望，你这辈子的荣华富贵是享不尽的。另外你年纪轻轻，竟然能舍弃世间的权贵，放弃儿女私情，脱离历史悠久的光荣种族，穿着粗陋的袈裟，在这荒郊野外，终日乞讨一饭之施，在我看来，实在是不可思议！我想都想不通，你能告诉我吗？

"是不是你父王一直不肯让位与你，使你无法继承而心生怨怒，一气之下便离家出走了？如果是这个原因的话，我愿意划出一半的国土给你治理。如果你不满足，把整个摩竭陀国让给你也可以。

"请相信，这是我的肺腑之言，绝无半点虚假。我是感动于你的威容德性，由你这样的人治理国政，一定能让人民过上幸福的生活。只要人民生活幸福，我甘愿把王位让与你，你能理解我的心意吧？退一步说，如果你不愿平白受人恩惠，那我拨给你一支强悍的军队，你去征服另一个国家，然后在那里为王，怎么样？俗语说，识时务者为俊杰，须知时光不再，机会难逢啊！

"我认为有意义的人生一定要具有法、威、五欲这三宝。

崇尚法律，有威严，那别人对你既尊敬又顺从。受人重视，无人怨恨或反抗，再懂得享受五欲的快乐，这样的人生充满情趣，快乐无常。

"如今你舍弃了威，远离了五欲，只求一个渺茫的法，只会让自己受苦，并无其他实际意义。人在少壮时候，就应该享受五欲之乐；中年时，要广储财富；老年之后再去求法，这才是正途。年轻时去求法，难免被欲望所坏。年轻人血气方刚、热情奔放，只有到了老年，才能心神稳定，意志坚定。当一切欲望都已衰退时，就能生出随顺乐法的心。这个道理，你应该懂得吧？

"我看你生得一副稀有的好相貌，断定你一定是个可以雄霸天下的人才，所以心生敬仰。希望你暂时放弃出家的念头，接受我至诚的劝告。"

听完频毗娑罗王的一番劝谏，悉达多太子对这位仁爱慈祥地国王恭敬地施礼，并且神色庄严地回答：

可敬的大王！如果一个人能不顾自身安危去救助别人的苦难，为了别人而毫不吝啬金钱或名位，这个人便是世间罕有的善人；如果紧守着财富、高位，专顾自己不顾别人，那到头来，终究会失去一切。

国家、王位是人间至宝，您居然毫不吝惜地愿意给我，如此厚意隆情，太让人感激了！我相信您是出于真诚之心，毫无半点虚假，但是这与我的心愿背道

而驰，我必须详尽、坦白地向您禀告我的看法，希望
您谅解。

父王本想让我马上继承王位，治理迦毗罗卫国，
但是我想到的是老、病、死的可怕和痛苦，希望能消
除这痛苦求得真正的解脱，所以才舍弃了王位和对家
人的亲情断然离宫。决心既已下定，怎么能再回到五
欲的深渊里去呢？我身在荒郊野外，不害怕毒蛇猛兽，
不躲避风霜雨雪，唯独怕被这五欲所缚！

我一想到五欲之贼能劫夺人的功德法财，就不由
得战栗起来。五欲只能迷惑人们于一时，它终究是虚
伪不实的东西，也是人们接近真理的最大障碍。

苦行者为了追求天界的快乐而在人间苦苦修行，
可见天界的快乐也是招苦之因，何况人间这短暂的欢
乐呢？恣情纵欲永无止境，只会增长人的贪念，永远
难以满足。世间最可怕的是贪欲，但人们仍陷溺其中
不能自拔，只有智慧超凡的人，才知道五欲之可畏。
明白这个道理的智者，才不会招致痛苦。

历代帝王统领四海，权霸天下，穿绫罗绸缎，吃
山珍海味，身边美女如云，库房里财宝如山。但他们
却有一件事始终无法满足，那就是长生不老。试想，
人的贪欲会有满足的时候吗？

尊贵的王位、广阔的领土、珍贵的珠宝、绝色的
佳丽……这一切最容易招致怨憎和嫉妒。人与人间的

钩心斗角，国与国间的战争不息，不都是为这些而引起的吗？世间的权势、财宝，在我看来，就如同臭不可闻的腐肉，但鸟类和群狗却争相竞食，并视为珍食佳肴呢！大王，承您美意要把国土分让给我，我只能有违您的隆情厚爱了！

世间那些追逐名利的愚痴之人很可怜，贪念攻心而终生受苦，一刻不得安乐。贪欲如同毒蟒，我不敢靠近，以免被它吞噬。既然我已经远离，怎么能再去接近它呢？请大王谅解。

苦行林中的苦行者一心贪求天界福乐，不惜把身体投入凉水、火焰中，或是坐在悬岩上修行，这种行径白白让身体受苦而毫无益处。当年阿修罗王的两位王子，在父王驾崩后，为争夺王位、财宝，兄弟之间互相残杀，结果双双身亡，这不都是由于贪欲所致吗？

鱼儿因贪饵而上钩，野兽因贪食而落入陷阱，世间众生有多少都是为贪欲而身亡！饥则食，渴则饮，本来就是为了摆脱痛苦的，如果太执著，饮食过量，反而会让身体受害。

人世间的事，苦乐未定。就如同衣服，天冷可以御寒，天热又觉累赘；夏夜看月光清凉如水，严冬又感寒冷难耐。由此可见，人世间的地、水、火、风、色、香、味、触等八法，也不是常往不变的。

身居王位的人，沉于五欲之乐。舍弃王位，却有悠闲自在之乐，所以我舍欲念、断恩爱，身披袈裟，托钵乞食，过起了现在这种安逸自在的生活，免得将来堕入恶道。这样我能得到两个世界的安乐，甚至更多。

大家都劝我等老年后再出家，可是老年人体力已衰，再没有年轻人的雄心壮志，而且死神随时都会降临。我认为，求生灭之法，是不分少长老幼的。我远道而来，就是要求取真正的解脱之道。我听说有位智者叫阿罗逻迦兰仙人，我正要去向他求教。我非常感谢大王的厚爱，也希望您能善护百姓，布正法于大众，祝贵国风调雨顺，国祚绵长。

太子的一番话，让频毗娑罗王满心欢喜，赞叹不已。他合掌拜谢道："您是我所见过的稀有的求道者，但愿您早日获得正法以遂心愿。到时候，可否先来度我？"

太子知道他是一位不凡的国王，于是恭敬地回答："那是当然，我一定不负您的嘱咐。"

频毗娑罗王率领臣下作礼告退，太子也起身向频陀山而去。

访仙求道

拜访苦行者

悉达多太子舍弃王宫生活，出来寻求解脱之道时年仅19岁。

他先是来到了苦行林，因为在苦行林中有很多的苦行者在修行。他们见到这位相貌殊胜的太子进入林中，知道他一定不是个俗凡之人，都纷纷前来问讯，太子恭敬地一一答礼。

太子对他们说："我是为求真正的觉悟和解脱而来的，务请不吝赐教，指点迷津。"

其中的一位长者说："你想寻求什么真正的觉悟和解脱？我们唯一的希望是进入天界，为了达到这一理想，必须经过一番苦行。现在我不妨把有关苦行的方法略为介绍一下。

"修习苦行之人，一定要远离人烟稠密的地方。吃的东西要极为简单，只用嫩草、树叶、野果和绿苔等充饥就可以了。还有的整天躺在火堆旁边，任由炙烤，把全身熏得通红，有的用凉水灌顶，有的倒挂在树上，有的像鱼虾一样终日浸泡在水中……我们相信，经过这番苦行，才能得到未来的安乐。"

听完这些话以后，太子心中已明白了一大半，于是用诚恳的态度对这位苦行的长者说：

这样的苦修绝非离苦得乐的真道。你们希望进入天界，殊不知天界仍不能脱离生死的轮回。以目前所受的苦，企求死后的快乐，这只是白白增加了五欲的"囚"，这与我寻求的解脱生死之苦毫无关系，反而是以苦招苦。

世间之人，个个都怕死并希望长生不老，结果还是免不了一死；每个人都厌恶痛苦并祈求快乐，结果还是沉沦于苦海中无法自拔。舍弃世间的欲乐，寄希望于天界的快乐，这是对苦乐的"执著"。你们这种苦行精神虽然令人佩服，但并非正道。如果没有智慧，不能把"苦"、"乐"二字彻底舍弃，就很难达到真界。如果你们认为苦行是合理的，安乐是不合理的，如今你们用这种合理的"因"去祈求不合理的"果"，这不是自相矛盾吗？

我们的一切行为动作都以心为主宰。修习苦行，反而会让心意烦乱；祈求快乐，心就会偏执于情，从而走入歧路。如果说，以野果、树叶充饥就能获得福乐，那么，未来那些穷人和鸟兽都可以得到第一等的福乐了。如果整天浸泡在水里是正确的修行，那水里面的鱼虾昆虫都是第一等的修行者了。

苦行林

太子滔滔不绝地加以开导，不过他们坚持自己的信念，难以接受，太子深感失望，准备离去。那些苦行者却恳切挽留，太子只得坦率地对他们说：

你们的盛情，我很感激。人人都知道相聚是乐，别离是苦，但是世间的真理便是有聚就有散。

我见你们所修的苦行，无非是企求生在天界的快乐，我认为天上的快乐并非究竟，也不是常在，最后还是要堕落到人间来。我希望的是脱离欲界、色界、无色界的虚妄生活，你我所求的是两个不同的世界，所以修道的方法也应不同。老实说，你们所修的方法，都是前人尝试过的糟粕，我必须要另外寻求真实究竟的正法，所以不得不辞别你们，请多多原谅。

当时有一位苦行者很感动地对太子说："你的话很有道理，我们想用生前的苦行求取死后的快乐，表示仍然存有贪欲，只有征服了贪欲，才能求得解脱。我看你智慧高超，一定能脱离、老、病、死的痛苦，出离三界（佛家语，指欲界、色界、无色界）成为一个导师。我指点你去频陀山吧，那里有位圣者名叫阿罗逻迦兰，也许你能从他那儿听到真实的大道。你这就去吧，别多耽搁了。"

太子对他的一番忠告非常感激，第二天一大早便辞别众人向频陀山走去。

求道阿罗逻迦兰

悉达多一路上经过了很多地方，但他从未耽搁行程，一路披星戴月，忍饥耐寒，终于到达了阿罗逻迦兰仙人的修行之处。

太子四处张望寻找，但见林中走出几位仙人弟子，他们似乎知道太子的来意，个个都面带微笑表示欢迎，并把太子带到了阿罗逻迦兰仙人跟前。阿罗逻迦兰仙人看到太子稀世的容貌，欢喜赞叹不已。他说："我一早就听说你有舍国出家的意愿，这让我很是敬佩，我料到你一定会来我这里。如今能够亲自瞻仰你这殊胜的相好（佛教语。佛经称释迦牟尼佛有三十二相，八十种好。也是对佛像的敬称），真是说不出的高兴！"

太子谦虚而恭敬地答礼完毕，两人便并肩向仙人修行之处走去。

阿罗逻迦兰仙人是一位须发皆白、年近百岁的智者，他嘉许着说："你舍弃亲情与爱情的约束，解脱了情执的枷锁，将来一定会免除不幸的果报。从前，明胜王在年老时把王位让给了太子，自己出家修行，这就好比是把自己佩戴的璎珞花发舍弃，因为他知道这些都是不久即将朽坏的东西，所以毅然放下。现在你还年轻壮盛，却能抛弃王位，出家学道，如果没有超凡的智慧，是绝做不到的。

"我感觉你学道的意志非常坚定，你的器量一定能够容纳真实的大法，乘智慧之舟，超越生死大海。过去，每当有人来求道，我都会先测验他的能力，然后量才施教。如今，我知道你意志坚定、智慧不凡，因此，我将毫无保留地和你互相研讨。"

太子听后，大为感动。他谦恭地回答道："听了大仙人这番话，我知道您心中已无憎爱，一律平等，我将竭诚地虚心求教。我就像独自在走夜路，即将获得您光明的指引；又像是迷失方向的人，将收到您赐予的指南针，心中的喜悦简直无法言表！我心中最大的疑惑就是如何解脱生、老、病、死的大患，请仙人指点！"

阿罗逻迦兰仙人便引出了许多婆罗门的古典、名相（佛家语，能听到的叫名，能看到的叫相），并一一为太子解说。他告诉太子只要按照这些名相去修习，再广为众人解说，就能得到解脱。

太子继续追问："这个解脱的地方，究竟是个什么世界？修行到什么时候，才能到达这个解脱的世界？具体的修习方法是什么？还请仙人多多指教。"

阿罗逻迦兰仙人是信奉数论派（印度哲学的一派）的权

威，所以他马上提出了数论派的典籍，其中叙述修行的大要及果报的言辞极其高妙。他说：

> 如果想要断除生、老、病、死的根本，先要出家远离人世的纷扰，广为布施，修习禅定。必须在寂静的地方学习经论，放弃一切贪欲惧怕，远离世俗享乐，压抑所有的欲望，内心要达到无我的境界。除去爱、邪恶和不善的行为，欢喜法乐，直到圆满的时候，就能进入第一个觉悟阶段，那是初禅天。
>
> 到达初禅天后，再以勤奋努力追求精进（又叫做勤，佛家的一个说法，就是努力向善、向上的意思）之心，依着去行，就能进入第二禅天。进入第二禅天，累积了很多的功行，自然就能消除执著爱乐的心，这样就进入了第三禅天。
>
> 然后，再进一步，执著爱乐的心完全没有了，就能超然解脱，也就到达了第四禅天。
>
> 到了这个地步，所有的苦恼就没有了，只需静静地等着进入解脱之门。这里的寿命会很长，智慧会增进，有很多方法能够忘记色欲，忘记自我执著。思维一切皆空，能获得无限的知识，帮助精神静寂修养。如能达到这个境界，那真正的解脱之光就会显现。这种境界，名为非想非非想处。
>
> 你所问的解脱之法就是这样的，如果想要真正寻

得解脱之道，就请按照此法去修习。自古以来很多聪明的修道者都是循此渐进而进入解脱大道的。

太子反复思索阿罗逻迦兰仙人的话，然后说："从您广阔的智慧之海中流露出的微妙道理，让我了解了一部分解脱的方法。但是容我率直地说一句，我认为这还不能算是究竟的真理、无上的妙法，更不是究竟解脱的法门。

"按照您所说的解脱境界，那'我'是有呢，还是无呢？假如说没有我，那境界就不能说是非想非非想处；如果说有我，那个我是有知觉呢，还是没有知觉呢？如果说没有知觉，那人与木石有何分别？如果说有知觉，那有知觉的物体，就难免会被环境所污染和束缚，终究不能达到真正的解脱境界，无法证得我所想要的涅槃的解脱之法。仙人所说的是去除粗显的染污烦恼，着实不错，但是还不能扫清云雾见到真如明月的全貌。"

阿罗逻迦兰仙人听太子这么一说，不免心生惭愧，内心却对太子的见解十分佩服。太子渴望早日证得究竟的解脱，当然不能满足于阿罗逻迦兰仙人的这一套理论。

太子在阿罗逻迦兰仙人处住了不久，便辞别离去。

后来，太子又去拜访郁加陀·罗摩子仙人。不承想这位郁加陀仙人也是数论派的学者，与阿罗逻迦兰仙人相比，不过是五十步与百步而已！

自修正道

伽耶山苦行

钵罗笈菩提山

悉达多太子去各地寻师学道，不知不觉五六年过去了，他几乎走遍了全印度，也没有找到一个可以真正做他师父的人。但是太子并没有灰心失望，他更加坚定了志愿，感觉到自己使命重大。别人做不到的事，自己更应该去做。既然自己所要探索的真理，在别人那里不能如愿求到，那就只能靠自己的力量去完成了。

后来，太子到了尼连禅河的东岸，登上了钵罗笈菩提山，但是又觉得那里不是一个寂静适合修道的地方，所以渡过尼连禅河，准备到伽耶山的苦行林去修道。最后，悉达多太子终于来到了摩竭陀国伽耶山附近，在优楼频螺村的苦行林中选定毕钵罗树（又名菩提树）下，铺上草，坐在上面，发誓说："不成正觉，便不起此座。"

在那里，面临尼连禅河，河水清澈，川流不息，两岸的白沙白亮光洁，北面有高耸入云的象头山，风景极佳，是一个幽静而适于修行的好地方。太子决定把这里作为自己的道场，不成大愿，决不离去。

当年净饭王派大臣追赶太子时，前来的随从人员曾留下侨陈如等五人跟随太子求道。这几年，太子到处跋山涉水，早与他们走散了。现在他们听说太子在尼连禅河畔的森林里修行，几个人都纷纷从各地赶来，跟随太子一同修习苦行。

太子一心想要超越生死，专心修持，修戒参禅，忍受别人所不能忍的苦行。他只吃一些野菜或豆汁，后来甚至到了每天只吃一麻一麦的程度。吃这么少，却还能活下来，也是个奇迹。不过太子依然是双颊深陷，瘦骨嶙峋。

虽然修习了各种苦行，但如果想要解除烦恼妄想，达到超越生死大海的境地依然不可得。

太子后来又修学停止呼吸的苦行，闭住嘴巴，塞住鼻子，结果耳内发出轰然巨响，眼冒金星，头上如同针刺、鞭抽一样疼痛。此外，他还修习了各种苦行，咬紧牙关，强忍痛苦，想用苦行来征服肉体。他的精神勇猛、意志坚强，虽然收到些许效果，但是并没有获得真正的觉悟。

还是不能断灭烦恼、妄想，也不能从情欲、生死中解脱出来。苦行的时候，似乎克服了烦恼，进入了解脱境界，但是停下来，又不能如愿。侨陈如等侍从太子的人，见太子如此积极求道，犹如金刚一般的信念，让他们每个人都深受感

被称为佛树的菩提树

动，对太子更加崇拜、钦敬。

　　净饭王听说太子苦修得形销骨立，更是心如刀割，于是赶忙命车匿带了大批精美的食物送去。母后摩诃波阇波提夫人和耶输陀罗王妃也一再叮嘱，劝请太子务必要把这些食物吃下去，好让父王安心、爱他的人不再挂念。

　　车匿奉命去见太子，心里既悲伤又高兴，情绪复杂，难以形容。他快马加鞭，恨不得一下子就飞到太子的面前。当他来到太子修行的地方，看到骨瘦如柴的太子时，惊骇得说不出话来，只是泪如泉涌，泣不成声，半晌才略恢复平静，他俯身拜倒在太子面前说："太子，怀念您的车匿在此拜见。"

　　太子微微睁开双眼问："车匿，你来此有什么事吗？"

　　"我奉大王、王后和耶输陀罗王妃的嘱托，给您送食物来了。"

太子威严又不失慈祥地命令道："我不需要这些东西，赶快把它拿回去吧。"

"太子，这是大王他们对您的关怀之情啊，他们特地命我送来的，怎么能再带回去呢？"

"车匿，你知道吗？这些东西是我修行的障碍，你们这样做不是为我好，反而会害了我，我绝不会接受的。"

车匿本想把宫里的情况，以及老国王和王后对太子的思念之情一一叙述给太子听，但是被太子阻止了，太子不让他说下去，并且命他火速回宫。车匿不敢违拗，只好含泪告辞。

渐近解脱之门

光阴荏苒，太子对苦行生活丝毫没有退缩，苦修了六年。到第六年头上，他终于逐渐走近了解脱之门。

回忆当初曾在苦行林中劝那些苦行者，告诉他们苦行的不合理，自己所修的苦行虽然与他们不同，但也领悟到，使肉体受苦也是一种执著。

修行时如果只注重形式，忽视了心理的清净，这样的修行不会有很大效果。为了心理的清净，必须努力超越一切，像目前这样断食苦行不可能达到目的。

太子有了如此领悟，便从座位上站起来，向尼连禅河走去。走到河边，他脱下袈裟，用清澈的河水把身上的污垢洗干净。但是因为长年断食，体力衰弱，他竟疲乏无力地倒在了岸边。

这时，有一个名叫善生的牧女经过这里，她看见这位年轻的沙门竟然衰弱地倒在了沙滩上，便很恭敬地拿了一杯牛奶走向前去，双手递上。

太子接过牛奶，一口气喝了下去，顿时觉得遍体舒适，气力也渐渐地恢复了。

侨陈如等几位侍从看到如此情景，很是惊诧。他们想如此勇猛精进、一心学道的太子，竟然因为见到一个女子就退失了道心，这简直与中途堕落的修道者一样。于是大家断定，太子娇生惯养，所以意志薄弱，经不起考验。想到这些，他们心里也有一种说不出的凄楚和失望，于是便纷纷离去。

战胜恶魔

太子独自一人，渡过尼连禅河，走到伽耶山麓。那里有一棵枝叶繁茂的菩提树，树下有个金刚座，座上有很多学道者修定的痕迹。太子便到处捡了些树叶铺在座上，一心正念地端坐在上面，然后发誓说："我如果还是不能了脱生死，到达正觉涅槃，就不离开此座。"

上天诸神听到太子在菩提树下金刚座上发出的如此坚决

的誓愿后，大为欢喜，他们都祈愿太子早日开启正觉之门。

这时，那些憎恶正法的魔王心里害怕了，因为如果太子悟得正觉，那他们的邪道将会无用武之地，所以他们很怕太子寻得解脱之道。太子想要追求正觉，就必须全力战胜重重魔关。

人的内心有烦恼妄想的魔，外界有声色诱惑的魔。它控制着世间的人们，能够克服一切魔难的人，才能进入真实的觉道。

魔王派出他的三个姿色美艳的女儿，分别是欲染、能悦、可爱乐。一般人都逃不过她们的诱惑。

一天，魔王把三个女儿叫到跟前，对她们说："释迦族的悉达多太子，感叹人生无常，居然舍弃了王位，隔断恩爱，为救度众生而出家学道。他有寻求解脱生死的大愿，他手执无我的弓，还有智慧金刚的箭，企图降伏这个生灭的世界。

"降伏了生灭的世界，就等于破坏了我们的世界。一切众生都会对他恭恭敬敬，祈愿他早日开悟，求得究竟的正觉。他的信念很坚强，但是在他尚未达到真正觉悟以前，我们还有一线希望。我们要赶快摧毁他的志愿，把他悟道的桥梁拆毁，用五欲的弓，把他推进爱欲的旋涡里去。"

三个魔女听了魔王的话，也为父亲不平，愿意跟随父亲一同去击败太子。于是，魔王立刻率领众多男女眷属，手持武器，恶狠狠地向太子的金刚座走去。

太子端坐在金刚座上，一颗寂静的心如同湛然不动的溪水，除了一心祈求出离三界、观察诸法的实相外，没有一丝杂念。

菩提伽耶 正觉佛塔 金刚座

魔王走到太子座前，对太子说："太子，赶快离开这里，放弃寻求解脱之法，回国去继承你的王位，享五欲之欢，否则你将会死在我的箭下。你想想，身为国王，君临天下，一呼百诺，那是何等威风的境况！不仅生前享尽荣华富贵，死后还能再回天上享乐，历来的君王都是如此，你为什么要成为例外？

"你想想清楚，我手里的弓箭足以令你死亡，被射中的人，没有不立即中毒身亡的。如果不信，就请试一下。但到时候，你宝贵的生命、尊贵的躯体、求道的宏愿都将化为乌有了！你不后悔吗？"

面对魔王的百般恐吓威胁，太子始终不为所动。太子的心，岿然不乱，他对自己能启开真实的大道，毫不怀疑，也不畏惧任何恐吓的话。

魔王十分愤怒，他拿起弓，装上毒箭便向太子射去，但是毒箭飞到太子岿然不动的金刚座前，便自行坠地了。魔王不相信，便发射第二支箭，依然伤害不了太子。魔王看毒箭无效，心中不免有点慌，于是立即命令三个女儿上前，让她们以美色相诱。但是太子端坐不动，对她们不见不闻，这让魔女们又怀疑又害怕，只得都退了下去。

　　魔王心想，过去许多正法求道的人，看到毒箭或在女色的诱惑下，都屈服投降。如今这位悉达多太子，毒箭伤不了他，他也不为美色所动，到底该怎么办？

　　魔王又急又气，一怒之下，发动所有魔军，放出各种怪物，有的起火刮风，有的响雷降雨。他把一切的邪恶想法都用出来了，希望打退太子的道心。但太子仍然端坐在金刚座上，毫无惧色。魔王还放出了许多毒蛇猛兽，降下雨雪冰雹，但是毒蛇猛兽吐的毒气都化成了阵阵清风，雨雪冰雹都变成了五彩的云朵。不管魔王使用任何魔法，到了一心求道、意志坚定的太子跟前，都失去了效果。

　　这时，天空中发出巨响，护法的天将斥责这群魔军道："可恨的恶魔，干吗要来诱惑这位纯洁的修道者？你们常以恶毒之心，在人间制造怨恨，你们的愚痴实在可怜，你们的做法，如同人们摇撼须弥山（佛经说南瞻部洲有须弥山）一样，根本是徒劳无功，是不可能的事。赶快舍去怨毒的心，在这位修道者座前忏悔吧！别以为你本领很大，就算你能让大地变成汪洋大海，使恒河的沙子燃烧，也不动摇不了这位大修道者的金刚信念。

　　"我可以告诉你们，这位大修道者与别人不同，他有正确的见解、不屈不挠的精神、无边的智慧，以及平等的慈悲之心，这四宝就是他必定能成就心愿的基础。

　　"他不久就要成就大日轮的光明，能破除世间黑暗。他努力修行，为的是扫除悭吝、贪妄、怨恨、愚痴的毒害，他会成

修行中的释迦牟尼像

为一位施舍众生智慧的良医。他能领导人类走上正途，是一位尊贵的导师。世间众生在黑暗愚痴中徘徊，不知何去何从，大家急需这位大修道者为人们燃起光明智慧的火炬，你们有什么理由熄灭它？

"世间众生在生死洪流的大海中漂浮，无力挣脱苦海。人们需要这位驾着智慧之舟的未来觉者去载渡他们，而你们却一心要把这只智慧之舟击沉。

"忍耐的行为是正法的芽，坚定的志愿是正法的根，正确的见解是正法的枝干，真挚的行为是正法的地。具备这些条件的智慧大树，一定能够结出无上正觉的果实，你们凭什么砍伐这棵为众生遮荫的圣树呢？

"众生皆因受贪欲束缚，身心永久受苦。现在有一位愿意解脱众生之苦的求道者，你们却要加害于他。这位大求道者不久就会达到真正的解脱。你们要远离一切傲慢，有惭愧之心，赶快归顺到这位未来的世尊之前吧。"

魔王被天将训斥一番，立刻向佛陀顶礼而退。

太子的心如同清澈的湖水，平静无波；又像是天空中的太阳，光明四射。这时，空中飘落下了无数的花朵，供给这位即将成就正觉的太子。

成就正觉

悉达多太子战胜了恶魔，志愿更加坚定，心中平静，他深深地进入了三昧（佛家语，也称三摩地）的禅定境界中，达到了无想无念的境界。一个崭新的世界即将呈现在他的眼前。

一天黎明之前，太子抬头看见了天上明亮的星星，顿然大彻大悟，成就了无上正觉。相传这时他35岁，已经知道自己在及其久远的时候生在什么地方、叫什么名字、做过什么事。几百万年前生死往来的历史，他都能了然于心。

他觉悟到自己和一切众生，从很久以前便在生死界中乱转，有时做人父母，有时做人儿女，有时做人师长，有时为人弟子，彼此之间都有着因缘牵连的关系。但是人们却被现实所迷，不知道别人都曾经做过他们的眷属，整天被名利所束缚，不顾念他人。太子因为这一切冤亲平等的真理生起大悲心肠，不觉涔涔泪下。此刻他对一切事理都有了正确了解，他感到生死本为不二，没有执著于此的必要。太子的心灵和生命都已明显扩大，可以说，他已经与宇宙同化了。

他现在感觉一切烦恼都是不可思议，人干吗要有那么多的烦恼，他自己心里已经很明了，为此他不禁欢欣雀跃起来。他知道自己已经证得正觉，他忘记了时间，忘记了地点，忘记了一切，这一切对他来说都没有分别，这就是正觉，这就是解脱。

他不再是太子，而是佛陀（梵语，简称佛，是觉者或智者的意思）了。

已经开悟的佛陀附带证得的五眼、六通。五眼即肉眼、天眼、慧眼、法眼、佛眼。六通即天眼通、天耳通、神足通、他心通、宿命通、漏尽通。

佛陀察看整个世间，知道一切众生都在六道轮回的生死大海中轮转，不觉生起无比的慈悲之心。六道众生（佛家所称的地狱、饿鬼、畜生、修罗、人间、天上）终日过着虚假不实的生活，有善的，有恶的，有清净的，有不清净的，到了命终，又随着各自的作为，在六道中受着各种不同的苦或乐的果报。

佛陀悟到的是缘起的正法。他仔细观察这个世界，流转的经过是十二因缘（无明、行、识、名色、六入、触、受、爱、取、有、生、老死），流转的主体是苦。由该主体展开，所以便有了生、老、病、死的现象。

人为什么会老、会死？因为有"生"，所以有老与死。那生是从何而起？这是由于一切善恶行为所产生的结果，而不是什么天神所造，生没有自体。所以，生并不是没有原因，生的原因就是行为的"有"业，因行为的有业而生出"取"来，好比有柴薪才能燃起火来。那柴薪又是从何而来？这是由"爱"而生，好比星星之火可以燎原一样。爱又从何而来？是由"受"而生，就像痛苦时需要安乐，饥饿时需要饮食，所以对周围的一切便生出爱来，受是爱的原因。受又从哪里来？它是从"触"而生，苦与乐的感受，都是因为有触，有触才能感觉出来。触是从哪里生的呢？它是从人们的眼、耳、鼻、舌、身、意的"六入"（又称六根）而生，如果盲人或者聋子就不能生起完全的六入。六入从哪里生呢？是由"名色"而来，名色就像是芽，六入好比茎叶，芽可以成为茎叶。那什么是名色的根源？它的根源是"识"，识是生出名色之芽的种子。但有时候，识是从名色生的，也有时候，名色是从识生的。就像人有时候坐在车上，有时候则推着车前进，也有时，人与车同时前进。识是从名色而生，名色是从眼、耳、鼻、舌、身、意的六根展开的。这其中还有一种作用是"行"，行的根结在哪里呢？这就是所谓的"无明"，也就是生死的根本。

总之，佛陀认为芸芸众生皆万世轮回，处于不尽的因果报应之中。有因必有果，有果必有因。因因果果，果果因因，无因不成果，无果不有因。人生的苦海重波流转不息，人们都以贪欲为本，贪财、贪色、贪名利或贪各种快乐，稍有不遂心之处，便怨恨、生气，但是却不思考因果，恣意妄为。嘴里说出恶言，身体做出杀、盗、淫等行为。凡事违背天理，即使偶起善念，但转瞬即逝。根据人们所做的事情，总会得到各种不同的结果。

如同人的生死一样，胎儿时期，六根未生，但是有感觉；十月期满，就会有耳、鼻、舌、身、慧，也就佛所说的六入；刚刚出生的婴儿不知苦乐，只对接触的外界有感觉和认识；到了十二三岁时，能够分别善恶，便有了苦乐的感觉；十四五岁到十八九岁的时候，对衣、食、住、行等产生爱执，如饥思食、渴思饮、倦思眠等，遇乐则爱合，遇苦则爱离；二十多岁的时候，精神旺盛，血气刚强，凡事便会尽力去争取。

一生所做的事情有善有恶，有益的、无益的都会在来生受到果报；遇到机缘，又会完成未来的新生命。既然有生，那老、病、死、苦便不能免。佛的意思是前生所做之事，成就了今生的果报，今生所做之事，又招来来生的果报。来生又招来生，如此生生世世，业果酬还，无有已时！

佛陀明白了宇宙人生的真理后，又在菩提树下静思了21天，反复回味他所觉悟的真理，思索着他所感觉到的生死之缘。最后他发出正觉的宣言："流转的相是生，无明的迷惑是生的根源，如想不死，唯有不生，唯有断除无明。无明灭则行灭，行灭则识灭，识灭则名色灭，名色灭则六入灭，六入灭则触灭，触灭则受灭，受灭则爱灭，爱灭则取灭，取灭则有灭，有灭则生灭，生灭则老、死、忧悲、苦恼皆灭。清理了所有的污垢，自己内心清净便挡不住光明普照，便能进入真实的悟界，获得不生不死的解脱自在。"

解度众生

悲悯众生

佛陀已经成就了正觉，他心想："虽然我现在已经遂了心愿，但却不能马上去救度众生，因为我悟到的真理正好与世人的错觉相违背。如果现在就用这个正道去向他们解说，必定会被人诋毁、嘲笑。这对我来说倒没什么，但是他们会毁谤清净究竟的真理，必将堕入恶道，遭受果报，这反而是害了他们。

"放眼看去，一切众生都沉溺在贪瞋邪见的深渊中，他们怎么会了解这深奥微妙的解脱真理呢？我还是涅槃吧，免得让众生造业而遭恶报。"

佛陀正在忧伤悲苦，天空中忽然出现了一群天神，向佛陀敬礼说："至尊至贵的佛陀，我们以至诚至敬的心向你顶礼，祝贺你获得正觉的解脱。你能在这个世界上，进入不生不死的境界，实在是众生之福。你将成为一盏明灯，使黑暗的世界大放光明。你不必担忧愚痴的人因谤法而造业，这是他们自作自受。你要一本初衷，去传播福音，使那些沉溺的人们心生觉悟，早日回头登上觉岸。请你伸出慈悲之手，去救度他们吧！不要再犹豫了。"

佛陀听了天神的这番话，满心欢喜，即刻离开了伽耶山菩提树下的金刚座，怀着一颗救度众生的大悲心，向迦尸城走去。

佛法无边

一天，佛陀在路上遇到一个名叫优波迦的求道者，他一眼便看到了佛陀威严的相好，不由心生恭敬在路旁站立，伏下身向佛陀顶礼道："请问您是谁？怎么会生得如此稀有的相好？您的容颜，满如明月，湛然如清水，让人看了心生欢喜，无限钦敬！您以什么为宗？老师是谁？

"我看这世间的人心，都像猿猴一样，一刻不得宁静，终日被爱执束缚，连自己都做不了主。如今看到您这安详的容貌，没有半点俗气和染着，让我这颗狂乱的心顿时平静下来了。我叫优波迦，还请您多多指教。"

佛陀见他言语诚恳，态度谦逊，于是便以柔和的语气对他说："优波迦，我没有师承，是自己觉悟出来的妙法。我得到了别人没有得到的，觉悟出了别人没有觉悟的，知道了世间没一个人能够知道的，这就是我成就的正觉。烦恼是最可怕的怨敌，要用智慧的利剑去降伏它，这是我获得正觉的根本，我要用它们去唤醒沉睡在世间的迷途之人。

"优波迦，我不骄傲，不被名利给养所役使。我一心要流布正法，救度沉溺在苦海中的芸芸众生。我曾经发誓要做一个在苦海中渡人的船夫，现在我具备了度人的条件，我要马上去实践，让一切有善根，与佛陀有缘的人，都能得度。身拥巨额财富，却只图独自享受，这绝不是义士所为。要用自己的财富兼利天下，这才是大丈夫。

　　"自己得到好处，也要让他人受到恩惠，这才是慈悲。舍掉贪图安乐的观念，拯救沉溺苦海的众生，这才是第一等勇者。我现在是个大医王，我能够治疗众生心中的疾病。我已经明白过去、现在及未来，我能够引导迷途的人走上合理正觉之路。

　　"优波迦，你不要以为我虚伪夸大，不懂得谦逊。实际上，世俗的谦逊客气往往含有虚假欺骗的成分。我对你说的，句句是真话，绝无虚假。

　　"一盏明灯，并非因四周黑暗才发亮，驱除黑暗是灯的自然本性。我已是成就佛陀大道的人，对这个世界本来已无所求，之所以燃起正觉智慧的光明，就是为了顺应自然来照耀众生愚痴的黑暗。钻木取火、气流成风、掘地得泉，这都是自然的道理。优波迦，如今我是人间的佛陀，此刻正准备去鹿野苑讲述第一次佛法。"

　　优波迦听后，欢喜赞叹，约定将来要做佛陀的弟子，于是顶礼而退。

　　鹿野苑位于恒河与波罗奈河之间，那儿有一片繁茂的树

佛陀第一次弘法之地——鹿野苑

林，鸟兽温驯，没有喧闹之声，是个寂静幽雅的境界。

那里也有一个苦行林，鹿野苑就在苦行林中。侨陈如等五个人便在这里修习苦行。当佛陀快要到鹿野苑时，侨陈如等人便远远地看到了佛陀的圣颜。

"你们看，悉达多太子来了。"侨陈如对其他四个人说。

"别理他！他已中途堕落了，怎么还好意思到这里来？"

"也许是他知道悔过了。"

"我看他是耐不住寂寞，想来找我们做伴，我绝不再理他了。"

五个人你一言我一语地胡乱猜度着，相约不再理他，每个人都紧闭双目，好似在专心修行用功。但是等佛陀走近时，他们却忍不住微微睁开眼睛偷看他一眼。这一看，不由得惊疑起来，分别没多久，太子的容貌怎么变得如此威严圆满了呢？侨陈如首先上前来问讯，接着其他四个人也都走过来。

"你们不是相约不理我吗？"听了佛陀的话，五个人都惊惧起来，不由得俯伏顶礼说："悉达多太子，我们不敢这样想，您大概疲倦了吧！"

"悉达多是我的俗名，你们就不要再这么称呼我了，我现在已经证得正觉，成为佛陀。我是宇宙的光明、苦海的航舟。"

"修习苦行没有成佛陀，舍弃苦行怎么能成为佛陀呢？"侨陈如一脸疑惑地问道。

"侨陈如，你们五个人现在这样执于一边的修行，是得不到正觉的。肉体受苦，心也更容易恼乱；身心享乐，又容易沉于爱执。偏于苦或乐的修行，都不能成就根本大道。这个问题，我当初离开王宫时就已知道。我之所以和你们一起修学六年苦行，自有我的苦心。要知道，唯有舍弃苦乐，才能得到'中道'。

"要走进正觉之门，就必须要以正确的见解（正见）、纯真的思想（正思维）、净善的语言（正语）、正当的工作（正业）、合理的经济生活（正命）、积极的精神（正精进）、信仰的真理（正念）、禅定的生活（正定）八种正道去修学，才能解脱无明集聚的诸般烦恼，进入清净寂灭的境界。"

经佛陀的指点，侨陈如等茅塞顿开，欢喜赞叹，敬佩不已。

佛陀见他们能够接受真理，也很高兴，于是继续开导他们说："我们放眼看这个世界，除了水、火、风、震等自然灾害外，社会上有各种的不公平，众多不如意的事情扰得我们身心不安，想想看，每时每刻无不充满了痛苦。你们知道吗？这个'苦'，都是因以'我'为本。因众生执著于我，有我就有贪、怒、痴。想要解除这个痛苦，就必须修'道'。修了道，才能进入寂'灭'的境界。"

佛陀所说的真理侨陈如等五人都能够接受，佛陀便从头到尾地把他的大觉之道讲给他们听。

解救痛苦的平民

侨陈如等虔诚地请求做佛陀的弟子，佛陀慈悲和蔼地接受了他们的请求，收他们为弟子，做比丘僧。他们成了佛陀的第一批弟子，从此，侨陈如、阿舍婆誓、摩诃跋提、十力沸伽、摩男俱利五个比丘僧，随侍佛陀，开始了自利利人的工作。佛陀常常带他们在缚罗迦河沿岸宣化佛法，佛陀认为该地适合，便暂时住了下来。

一天清晨，佛陀正在河边盥洗，忽然看见对岸跑来一个发狂似的人，他嘴里喊着："我太痛苦，太痛苦了！"

佛陀一直用慈悲的眼光看着他，他也看了佛陀好一会儿，然后便伏倒在地，恭敬地说："我听说这里曾住着一位大彻大悟的佛陀，是不是您啊？请救救我吧。我名叫耶舍，家住迦尸城，我白天为了挣钱，为了名利地位，忙忙碌碌，片刻不得闲；晚上还有歌舞欢宴、饮酒作乐，浑身疲惫不堪。这样的生活我本来很迷恋，但是时间长了，便厌倦了。席终人散，我本想好好睡觉休息，可是白天的种种事情萦绕在脑际，因而无法入眠，真是痛苦不堪。

"昨晚，我在床上辗转难眠，便披着衣服下床。本想到庭院中散散步，可是当我走进花园时，却看到我的舞姬正与一个男子在花丛间幽会。我妒火中烧，难以克制，就打了她一记耳光，随后便发狂似的奔了出来。我本来是盲目狂奔，没有方向，但是跑了不多远，像是冥冥中有股力量把我引到这里，让我看见您这庄严的慈容。我想，您一定就是那位人们称为大觉者的佛陀。请您发发慈悲，救救我吧！"

佛陀见他那哀切凄苦的求助眼神，心生悲怜，于是双手抚着耶舍的头说："年轻的善男子，我正是你所说的佛陀，你来到我这里，自会安稳自在。你听我说，世间没有不散的筵席，亲朋眷属哪有永聚一起不分离的？人间本是一个虚伪的世界，一切都是无常。自己的身体尚且不能依赖，又怎么能让一切都属于自己呢？你不必悲伤，你得度的机缘已到，应该欢喜才是，现在赶快把心静下来，把一切都放下吧！"

耶舍满心的嫉妒、愤怒被佛陀的法音甘露浇灭，顿时感觉周身舒畅、心境平静。他抬头看佛陀慈悲的相好，感动得热泪盈眶，当场请求佛陀收他为弟子。佛陀以悲悯的语气对他说："耶舍，你先回家去，因为你的双亲正在焦急地等待你，到处寻找你呢！你怎能让老人家操心？你要明白，并非离开家庭才算出家。如果身披袈裟，却心染世间俗情；虽身处深山丛林，却时时不忘世俗名利，这怎么能算是出家呢？反过来也一样，虽然身上穿着华美的衣服，但内心清净光明，对人没有怨亲之别，舍弃一切烦恼，用真理教化世人，这才是真正的出家。你懂得这层道理吗？"

"佛陀，我已了解您的开导，请您慈悲让我做一个真理的传播者吧，让我皈依佛陀，做一名弟子。"

佛陀见他恳切真诚，便答应了。从此，佛陀的弟子便一天天增加。

后来，耶舍的父母因寻找儿子与佛陀见面，受佛陀感化，都做了佛陀的弟子。耶舍的母亲作为在家的信女，她是皈依佛陀的第一位优婆夷（佛门在家女信徒的统称）。

佛陀传播菩提的种子，渐渐出土萌芽。耶舍的朋友约有五十多人都在佛陀慈悲智慧的感召下，皈依座下做了出家弟子。

佛陀对他们说："你们按照我的教示一定可以渡过生死之河；如果能行化各方，就会受到世间的供养。因为现在有无数的众生都沉迷在生死岸边，等待慈航救渡，你们愿意做一个船夫吗？众生之苦如同燃烧的烈焰，唯一可行之法就是用清净之水把它浇灭。你们要到各处去洒甘露，不要长期聚在一个地方。

"我现在也要与你们暂时告别了，我要去伽耶山。那里离这儿不远，有位名叫沸伽的苦行仙人，他的修行和声望都很高，深受世人崇敬，他的门下有很多修道之人，我要前去济度他，使他即刻弃邪归正。"

五十多名弟子听了佛陀的吩咐后，个个欢喜雀跃，随缘向各方出发，开始了他们首次的布教生活。佛陀独自一人往伽耶山走去，他走在途中，在一棵树下静坐休息。

当时，有个妇人提着大包袱从佛陀身旁走过去，佛陀并没太注意她。不一会儿，一群大汉匆匆忙忙地追来，他们见佛陀一人静坐在树荫下，便聚拢过来问道："请问你有没有见到一个提着大包袱的女人从这里经过？"

"我没注意，你们找她做什么？"

"我们一共有 30 个人，都住在离这里不远的森林里，我们 30 个人中，只有一个人还没有娶妻，一直独自过日子，大家都很同情他。前不久，我们想法给他找了一个女人，起初还行，可是渐渐显出了原形，她是个水性杨花的女人，她用甜言蜜语迷惑了我们很多人。没想到今早起来才发现，我们的重要财物都被她拐跑了，所以这才分头追赶。不知道，你有没有见到她？"

佛陀沉默了好一会儿，静静地回答他们说："原来是这么回事，我来问你们一句，到底是身体要紧，还是钱财要紧呢？"

佛陀似乎有着不可思议的威仪，他说的每一个字都能深深打动人们的心。说话间，这几个人放纵惯了的身心很快返本归源，深受感动。

他们异口同声地说："当然是身体最要紧。"

"那你们就别再追那个女人了，赶快找回自己的心灵，才是最重要的事。"

于是佛陀又为他们讲述了四圣谛的苦、集、灭、道，这几个人静心聆听，也都一一领悟，并表示愿意皈依佛陀做他的弟子。

千名拜火教徒拜入门下

现今已大部分干涸的尼连禅河

佛陀与他们分手后，独自一人继续赶路。当他到达尼连禅河畔时，红日已经西斜，接近黄昏。过去佛陀曾在这里隐居修行过，对这里的一切，他都很熟悉，他决定找地方借宿一晚。

佛陀知道这里有位拜火教的首领沸伽罗婆罗。这位拜火教首领有 500 名弟子，国王大臣们都对他很尊敬。佛陀前往拜候时，他很客气地表示欢迎。

佛陀对他说："我从波罗奈国来，准备前往摩竭陀国去。现在天色已晚，能否在你这里借宿一晚？"

"看你的相貌，想必是一位不平凡的修道者，你想借宿，原本没有问题。不过，那间屋里放了很多拜火道具，比较拥挤。

这也没什么，最主要的是里面有一条巨大的毒龙，如果让你住进去，实在危险！为了你的安全，我不得不据实告诉你。"

佛陀微笑着说："里面有毒龙吗？没关系，天色已晚，附近也没地方可去，就让我暂住一晚吧。"

沸伽心想，这是他自寻死路，跟我没有关系，于是沸伽便带他来到一个洞窟似的石室里，对他说："就是这里。"说完，便径自离去。

沸伽的许多弟子都眼看着他安然地向石窟走去，心想，他马上便会奔逃出来。

佛陀是人间的觉者，是解脱的超人，他知道毒龙不会加害于自己。他安然无惧地端坐在石室中。但见那毒龙昂首吐芯，游来游去，对寂然不动的佛陀却丝毫没有加害之意。

第二天清晨，佛陀安详地从石室里走出来，口中喃喃自语："心若清净，便能不畏怕一切。"

沸伽心中暗想："他一定不是个普通的修道人，定是一位超凡的圣者，难道他是为征服我而来的吗？"想着想着，竟然慌乱起来了。

佛陀恭敬地对沸伽罗婆罗说："能不能暂时让我先在这里修行？"

沸伽听了觉得佛陀很尊敬他，便满口答应下来。

过了不多久，附近要举行一个盛大的祭典，各地的人都会聚集于此。沸伽是祭典的主祭，他知道佛陀有一股不可思议的、足以慑服人心的力量，所以不想让人们见到他。佛陀也早已明白他的心意。祭典那一天，谁也没有见到佛陀的影子。事后沸伽深感讶异，他问佛陀："昨天你去哪里了？我怎么没看见你？"

佛陀和颜悦色地对沸伽说："我知道你不希望别人见到我，所以我便避开了，不让人们见到我。老实告诉你，你充满了嫉妒之心，根本没有觉悟到人生的真谛。你修行的方法本不足为怪，但是如果你在拜火之前，不能断了这个念头，那你将永远不能获救。"

沸伽听后吃了一惊，只好坦然承认，说："我很惭愧！你说得对。我知道你是已经成就佛陀大行的圣人，我听说你过去曾在这附近修行，可惜没见过面。我虽比你年长，但你的智慧、道德远胜于我。可我内心却不愿承认，是一个不忠实于真理的人，感到非常惭愧！现在只想拜在你的座下，请你收我为徒吧！请你大发慈悲，答应我的请求吧！"

佛陀点头称许说："好，沸伽罗婆罗，也只有像你这样的人，才能说出这样的话。我知道你手下有很多弟子，你还是先与你的那些弟子们商量以后再说吧。"

沸伽马上召集他的500名弟子，用坚定的语气对他们说："我现在已经觉悟到了过去的错误，我已亲聆佛陀的开示，并且皈依在他门下。我要在佛陀座前洗净我心中的尘垢，希望能够趋证涅槃。

"佛陀说，如果心不净，就消除不了一切苦恼。我们祭火但心中仍充满秽垢，如此修行，没有什么意义。

"佛陀初来之时，我便觉出他不平凡，但是无如愚痴蒙蔽了我的心，不肯在真理面前屈服。如今我已开悟，思索再三，希望你们都能与我一起皈依佛陀座下，做一名佛门弟子。"

500名弟子听老师的剖析讲解，对佛陀的威德深受感动，一致表示愿意跟随老师永远做佛陀的弟子。从此沸伽和500名徒弟都成了佛陀的随众弟子。沸伽罗婆罗把所有的拜火道具都丢入了尼连禅河中。

沸伽罗婆罗有两个弟弟，一个名叫那提沸伽，一个叫伽耶沸伽。他们两人也是拜火教的教徒，各有弟子250人。

一天，他们看到尼连禅河里漂来了兄长的拜火道具，不知道哥哥发生了什么事，心中很焦急，担心哥哥出事，便连夜起程，赶到了哥哥那里。

当他们到达哥哥的苦行林时，不觉愣住了。原来哥哥与500名弟子都已改做沙门，剃光了须发，身披着袈裟。没想到他们一向尊敬、仰慕的兄长，突然间有如此转变，他们惊诧得说不出话来。

半晌后，他们悲愤失望地说："大哥，你怎么一下子变成这个样子了？你的智慧，无人能及，怎么能如此轻信别人的话而堕落到这种地步？过去，我们都以你为荣，现在却因你而感到羞耻。"

他面对弟弟们的责难并没有生气，反而用很平静的语气、祥和的态度对弟弟们说："亲爱的弟弟们，你们来得正好，我本来还准备去看你们呢。是的，我已经皈依佛陀了。这是我自己也绝对想不到的转变，怎么能怪你们呢？

"当我聆听了佛陀的一番开示后，好比黑暗中看到光明。我庆幸在有生之年能够皈依佛陀，能从迷途走上正道，这是我多么难遇的因缘啊！

"过去，我和你们一样，认为自己的修行已获得了正觉。但是自从遇见佛陀以后，才知道自己内心充满了尘垢。你们应该知道，内心不净，怎能解脱生死？领悟到这一点，我内心无比平静。佛陀的大神通、大智慧、大慈悲，毕竟不是我们所能比得上的，你们千万不要自以为是。

"我现在受国王崇敬、全国民众的供养，其实我并没有断除根本的生死，这种荣耀有何可贵？令人欣喜的是，我遇到了大圣人——佛陀，我相信在他的教导下，一定能够达到我们的修行目的。

"弟弟们，要放弃深厚的我执！你们如果承认我的智慧高于你们，那就跟我一样赶快改邪归正，不要再执迷不悟。何必要在尘垢之中、生死之渊深陷着？"

沸伽罗婆罗这一番剖析真理且态度恳切诚挚的话，说得两位弟弟俯首无语。他知道弟弟们一向很信赖自己，所以便带他们去见佛陀。他们见到佛陀那无限深广的威严慈悲后，不觉心生崇敬，也明白了长兄的改宗不是盲目的行为。

接着，他们便静静聆听佛陀的法语，对佛陀更加佩服景仰，都请求佛陀怜悯，让他们率领弟子们一起皈依在佛陀座下。几天后，沸伽三兄弟和他们的弟子1000人，齐聚在一起，听佛陀施教。

佛陀用火比喻，对他们说："弟子们，众生各种的妄想如同是一块打火石，轻轻一敲，就会引起各种愚痴的黑烟，各种贪欲和愤怒之火便会炽烈地燃烧起来。而愚痴、贪欲和瞋恚便是三毒的烦恼之火，众生就是因为燃起了这三毒之火，所以便在老、病、死的苦恼中轮回，从此无法从生生死死的世界里解脱出来。

"各位比丘弟子，这三毒的猛火便是苦的根源，是以'我'为本。如果要消灭这三毒猛火，就要毁掉以'我'为本的执著。如能把'我执'的根本断除掉，那三毒之火才会熄灭，轮回在三界中的一切苦恼，自然也就没有了。

"厌弃生死的三界火宅，远离三毒的猛火，进一步把燃烧在内心中的三毒烈火完全熄灭，不要在生死烦恼之中沉迷，这才是最关紧要的大事。"

1000名弟子聆听佛陀的法音，都内心欢喜，顶礼赞叹。从此便熄除了一切烦恼之火，进入了解脱自在的境界。他们都跟随着佛陀向摩竭陀国走去。

国王皈依

佛陀应昔日的摩竭陀国频毗娑罗王之约，率千余名弟子离开了尼连禅河沸伽的苦行林向摩竭陀国进发。

一天，他们来到了灵鹫山上，那里树木茂盛，竹林笔直，风景很好，他们一行人便坐下来休息。这时，有关沸伽兄弟皈依佛陀的消息，已经在王舍城传遍，人民都惊奇赞叹，准备了鲜花，夹道欢迎。频毗娑罗王回忆 10 年前悉达多太子经过他的国土时，他曾经想把一半国土赠让给悉达多太子的事，想不到他如今已成就大正觉，成了佛陀。

当初他们曾约定，悉达多太子一旦觉悟后，就请他先来救度自己，现在太子果然来实践诺言，亲临自己的国土。

频毗娑罗王派遣专使来灵鹫山请教佛陀，自己则率领臣属等在王舍城外的竹林旁边亲自迎接。他们远远地看见了佛陀法相庄严、态度安详，便知道他已经是一位解除了欲念、成就正觉的智者。佛陀走近后，频毗娑罗王赶忙率领群臣、眷属等上前顶礼。

佛陀慈悲地微笑着答礼，然后相携进入城中。城中的街道两旁，民众高声欢呼，顶礼膜拜，佛陀向大家微笑招呼。

佛陀来到王宫，坐定后，首先慰问频毗娑罗："大王，分别十载，一切都还如意吗？"

"蒙受佛陀的德光庇佑，一切尚好。不过有件事，我想请佛陀开示，以解众人之疑，不知道会不会太冒失？"

佛陀慈祥地回答说："有什么疑惑，可以尽量提出来，不必客气。"

国王这才放心了，于是大胆地问道："现在在您身旁坐着的是沸伽罗婆罗，我们全国所尊奉崇拜的修道者，他德高望重，威望远播，怎么会丢弃了拜火道具，皈依在您的座下？这到底是何原因？"

佛陀微笑着转头看看沸伽，示意让他自己来回答这个问题。

沸伽会意，于是转向频毗娑罗王慢慢地说："大王，这个问题，我可以亲自把事情经过告诉您。同时，也希望许多对我有过隆情厚义的人们有所了解。佛陀是三界人天的导师，是四生有情的慈父，他的觉悟是我们所不能比的，我年事已高，在有生之年竟然能够皈依佛陀，成为他的弟子，实在是难得的机缘。

"我之所以毅然丢弃了拜火的道具，完全是受佛陀威德感召，才有了如此明智的抉择。过去，我以拜火为功德，相信只要精心苦修，就能升天享乐，但是却抛不开贪、瞋、痴的烦恼。即使升天，可以享乐，但是还是要恐惧老、病、死，拜火是为了求生，但是有生就有老、病、死。如果有个法门，能让我们不生，进入涅槃，当然也就没有了所谓的老、病、死，那才是真正自由解脱了呢！

"大王，如果不是受到大慈大悲的佛陀开示，我怎么会从愚痴的拜火教中解脱出来？没有拜见佛陀之前，我以为拜火是最上的神圣修行，自从受佛陀感化后，才知道拜火是增长迷的因。我在服从真理的原则下，决心舍弃拜火的苦行，皈依在佛陀座下，我的弟子们也都领悟了其中道理，现在我们感觉到了黑暗中见到光明的喜悦。"

频毗娑罗王听了沸伽罗婆罗的现身说法，感动、赞叹不已。他恭敬而诚恳地转向佛陀说："佛陀，听了沸伽罗婆罗的一番叙述，我对佛法的精妙略有认识。佛陀能否对我们这些缺乏慧根的人，再讲述一些我们能够领受的法语？"

佛陀点头应允，以慈悲庄严的神态对频毗娑罗王说："好，我现在就说说关于我们身体方面的事情。我们身体上的眼、耳、鼻、舌、身、意等一切作用与活动，都是生死、起灭的原因。如果我们能解了生死，就不会执著，对一切法会生起平等的观念，因为认识到我们自身的真相。这个真相便是所谓的无常之相。当然想要洞悉这无常之相，也不是容易之事，因为人有意识存在，有意识就能生出各种欲望，欲望、肉体、心都是有生有灭的，都不能常住。

"大王，您应该知道我们的身体也是无常。如果一个人明白了一切都是无常、不定、虚假、空幻的，那么就没有'我'的迷妄，没有'我所有'的束缚。明白'我'是无常，'我所有'是虚假，没有'我'和'我所有'就不会有苦恼，就不会受其束缚。能够明白这一点，就能找到一个清净的去处，一个解脱的地方。"

对于佛陀从大智觉海中流露出的法语，频毗娑罗王还是不能深入了解，所以疑惑地反问说："佛陀，您说没有'我'，那所谓的果报由哪一个来受呢？"

佛陀又深入浅出地解释说："果报依然是众生来受，但是要受的果报，也是如幻的。大王，您应该为自己的幸福打算呢，还是应该为人民的幸福打算呢？您应该为自己的不幸着想呢，还是应该为人民的不幸着想呢？

"当我们的心与境相遇时，这只是空与空的聚合。就好比石头相碰时可以迸出火花，火花是石头的本质吗？以此类推，就可以说明一切。由于心与境相遇后的六识，因此那不如意的烦恼之'我'就会生起那老、病、死的循环。贪、瞋、痴的无明，都是源于'我'。如同石块相碰，有时有火花，有时却没有，但是如果石块不相碰，那绝生不出火花。

"大王，我是经过多年修行，才明白了这一切。离开'我执'，实在不容易；如果离不开'我执'，那是愚痴、颠倒、错误的。忘了'我'为了一切众生，忘了我及一切众生进入不动心的境界，把心扩大到与宇宙一体时，这才是人间本来的实相，那个地方也没有生死。"

频毗娑罗王和所有的臣属听众，听过佛陀的一番开示后，愚昧的心顿感清凉，欢喜无比，甚至感动流泪，他们都皈依了佛陀。

精舍度人

精舍生活

一天，频毗娑罗王对佛陀说："自从聆听了佛陀从大智觉海中流露出的世间究竟真理后，我自感内心清凉，得到无上的法乐。

"回想 10 年前，佛陀途经我国时，我便看出佛陀是一位超凡的智者。后听说您在伽耶山修习苦行六年，我一直盼望您得到正觉后来向我说教，救度我们，现在果然如愿了，我内心有说不出的喜悦。现在我看您好像要准备远游，心里很着急，所以我有个意愿想请您考虑。

"王舍城有一座迦兰陀竹林，那里环境清静幽雅。我想在那里建一座精舍，供养佛陀长住说法，以便让我们这些凡愚之人能常亲近您的座前，听您的正法。我满怀热情与诚意，恳请佛陀慈悲接受。"

佛陀也知道那里是个寂静雅洁、极富园林之美的处所，所以便答应下来了。

频毗娑罗王马上命令属下动工兴建，没多久便完成了。总共有 16 个大院，每院 60 间房；此外还有 500 座楼阁，72

座讲堂，取名"竹林精舍"。

频毗娑罗王亲自巡视了一遍，感觉很满意，便恭请佛陀和诸位弟子迁入了精舍。

佛陀面露和蔼慈祥之光，说："布施是去除贪欲，忍辱是压制瞋念，作善是远离愚痴，这三者便是进入涅槃的路径。布施，不一定是财宝，凡见到别人布施，心里也跟着欢喜，将来所得的果报与布施的人相同。"

佛陀是真正给众生传播正道的宗教家，他不管什么人都要救度，绝不限于有财有势的人。佛陀带着一千多弟子住进了竹林精舍，他们以佛陀为中心，逐渐形成了僧院的生活。佛陀还没来王舍城以前，已经有很多弟子皈依，他们都分赴各地弘化，现在也都纷纷归来。他们见到竹林精舍的佛门弟子，个个如兄如弟，都欣喜异常。佛陀欣见他们次第归来，和他们一一叙说离别之情，并询问他们在各地的弘化情形。

佛陀和弟子们在竹林精舍接受频毗娑罗王的供养，免不了会引起某些人的嫉妒，佛陀却以慈悲包容一切，所以也有很多人从各地赶来皈依到佛陀的座下。

佛陀的慈悲、德慧像是广阔无垠的海洋，千万条河流都流向大海，水流虽然增加，但不会满溢，静静地交流，静静地容纳，海的深广，无人能测。

佛陀的清净法身（佛三身之一，谓佛之真身也）是解脱自在的，不过，他那应化的肉体却不是不死之身。假如佛陀的身体不坏的话，那么他阐明的宇宙人生真理就会和他自己的话相悖了。

有为的法是无常，是无我，是生灭，即使成了佛陀，只要他有为的色身住此世间，就要顺应法的自然性，就不能与法的自然性相违。

某天，佛陀病了，频毗娑罗王得到消息，赶忙叫御医耆婆前去诊治。耆婆一向尊敬佛陀，得到命令后立即提了药箱前往竹林精舍。

耆婆一直都在关心佛陀的健康，他看到那些弟子们穿着褴褛肮脏的衣服，吃着不洁的食物，全不讲求卫生，早想向佛陀进言，却又提不起勇气。他左思右想，终于想出一个计策来。

过去他替邻国国王医病时，那位国王曾酬送他一件上等质料的衣服，耆婆认为只有佛陀才配穿着。就在佛陀病愈后不久，他亲自把那件衣服呈献给佛陀。

耆婆以极为诚挚的语气向佛陀说："佛陀常常告诫我们，人身宝贵，应该爱惜身体。可是我看到您的弟子们穿着褴褛肮脏的衣服，在我们医者的立场来看，实在不合卫生之道。

"此外，过去我替邻国国王治病时，蒙他赐赠一件衣服。我想请佛陀接受我的转赠供养，让我种一点福田，务请佛陀慈悲接纳。"

毫无执著的佛陀对耆婆的厚意欣然接受，并传话给众比丘弟子说："穿着的衣服，无论新旧，一定要保持清洁，要经过日光暴晒消毒。一心为绮丽美观的服装所染，固非所宜；

若是故意穿着褴褛肮脏的衣服以示学道，亦属不当。"

佛陀的话传出去以后，王舍城内的人民缝制了很多衣服赠送众比丘。

收得智慧弟子

佛陀初期传道时便收了两位弟子，一位名叫舍利弗，一位名叫目犍连。后来，他们都辅佐佛陀用正法教化世间，其功劳永远被后人效法和景仰。

舍利弗本名叫优波室沙，目犍连叫拘律陀。他们俩都极为聪明，并且好学。刚开始他们拜当时学术界的权威删阇耶为师，后来感觉所学不能满足，便离开了师父。他们两人还各有 100 名弟子，他们的这些弟子很崇拜他们，认为无论学问和道德，世上无人能比得过自己的师父。所以舍利弗和目犍连也骄傲地认为这个世界上再没有比自己更聪明的人了。

一天，舍利弗独自在街上走，看到佛陀的弟子阿舍婆誓在王舍城中出入。他风度威仪静肃，一眼看去就不是一位普通的修道者。

舍利弗怀着一颗好奇心，走上前很有礼貌地问道："请问这位修道者，你住在哪里？谁是你的老师？他曾教导过你们什么道理？"

阿舍婆誓谦逊地回答："我住在竹林精舍，是释迦族出生的佛陀的弟子，他是一位无比智慧的人天导师。我出家不久，根器不深，还不能完全领受老师的教诲，无法宣说老师的甚深微妙的法理。我只能凭我浅智所学的，大略说个一二。我的老师常告诉我们'诸法因缘生，诸法因缘灭'，还说'诸行无常，是生灭法；生灭灭已，寂灭为乐'，这些都是老师经常向我们开示的话。"

聪明的舍利弗仅听了这两句简单的法语，心中豁然开朗，无比欢喜。舍利弗心中理解了法语的意思，心中暗想："这因缘启示我'无我'的智慧，能帮我消除细微的烦恼。佛陀真是伟大啊！原来自己多年来的苦修毫无益处，简直在浪费时日。今天阿舍婆誓的几句话如同真理之光，照射着我，融解了我胸中的冰块。"

世上竟有如此智慧高超的大觉者，所以他请求阿舍婆誓寻找机缘，想要拜见佛陀。

舍利弗告别了阿舍婆誓，径直去了老友目犍连那里。目犍连见舍利弗一副欢喜得意、神采飞扬的样子，忍不住先道："今天你怎么如此得意，难道得到了什么法宝吗？"

"目犍连，我知道有一个伟大的智者，足可以做我们的老师。"

"哦？舍利弗，你是不是听了别人一面之词，太小看自己了。世上真有这样的人？"

"目犍连，的确有这样的人，他就是佛陀，这是千真万确的事。"

　　于是，舍利弗便把遇见阿舍婆誓和他们之间的对话，一一向目犍连述说了一遍。第二天舍利弗和目犍连便率领各自的弟子，一起去竹林精舍拜见佛陀。

　　佛陀见到他们很高兴，觉得到现在，才算真正有了完全能够领悟自己真理的人。

　　自从舍利弗和目犍连带领弟子皈依佛陀后，一时间，有很多人都纷纷跟随佛陀出家学道。佛陀的感化力太强了，以至于很多人因为害怕自己的子弟出家，都指责佛陀扰乱他们的家庭，让他们断绝宗嗣。

　　弟子们把从外面听来的这些话，据实告诉了佛陀。佛陀表情安详地说："你们不要把这些话挂念在心上，如果以后再听到这样的话，你们可以告诉他们：'佛陀指导人们了解人生的真理，不仅教导人怎么做人，更教导怎么做一个完美的人。但是学佛不一定要出家，在家奉行佛陀之法也是一样的。'那些批评和责难，不久便会平息了。"

　　社会上的人听到佛陀弟子们的这番话，便幡然醒悟，不再非难了。

　　一天，佛陀走出竹林精舍，登上灵鹫山，在豚崛洞入定。舍利弗的舅父长爪梵志就住在附近,他听说佛陀莅临灵鹫山，便专程前来拜访。他本是异教中一位很具名望的仙人，听说外甥舍利弗改宗，早就想见见佛陀。

　　他见到佛陀便开口说："我还没有认识一切。"

　　"没有认识一切，就已经认识了一切。"佛陀微笑着回答，

"肯定一切就是否定一切，肯定某个事物就是否定某个事物。肯定一切，就容易被贪欲所拘；否定一切，虽能远离贪欲，但太固执于这个否定，也是一种执著。真正的真理的认识是舍弃一切的肯定与一切的否定。"

长爪梵志听到佛陀说出如此简洁的至理名言，深感自己的不足。敬佩之余，他当场便表示要做佛陀的弟子。佛陀度了长爪梵志，便又回到了竹林精舍中为众比丘说法。

当时，有位富豪名叫大沸伽，他住在离王舍城不远的摩诃沙罗陀村，他家财万贯，聪明博学，是婆罗门中最杰出的人物。他经常来竹林精舍听佛陀说法，佛陀的德慧渐渐地打动了他的心，他也想跟着佛陀出家。

一天，他在回家途中，经过王舍城的多子塔附近，看到佛陀正静坐在一棵枝叶繁茂的大树下。他被佛陀吸引，不由得走近去合掌顶礼，很诚恳地对佛陀说，希望佛陀接受他的皈依，收他做弟子。

佛陀知道大沸伽信念坚决，便慈祥地回答："大沸伽，你真是我的弟子，我真是你的老师，如果不是证得了正觉，是受不起你这样一位弟子的，跟我过来吧。"佛陀徐徐站起身来，往竹林精舍走去。大沸伽紧随其后，心中激动，眼泪夺眶而出。

佛陀回头对大沸伽说："我早就知道你会在今天得度，未来佛法的流传很需要你，好好努力精进吧！"

佛陀度化了大沸伽后，为王舍城的佛法传播打下了很好的基础。此时又成立了霞莺精舍，佛陀的智慧已在各方远播了。

建只园精舍

王舍城中有一位首罗长者，因受佛陀度化，准备承办一个盛大的斋宴，请佛陀到他家中受供。

首罗长者有一位好友须达多，住在北方的舍卫城，这一次特地从舍卫城赶来为他的七儿子向首罗长者的千金求婚。他看到首罗长者家中的仆人都忙着到处打扫，府上张灯结彩，似乎有什么喜事或是有贵宾要来，他很讶异地问首罗长者："府上的人忙忙碌碌，喜气洋洋，是不是哪位少爷要完婚？"

"不，是佛陀明天要带领他的弟子到舍下来受供，现在已经到了寒林，所以我们正忙着清扫布置。你来得正好，明天就可以见着这位大觉者了。"

当天晚上，须达多长者躺在床上回味着首罗长者的话。他想，救世主佛陀到底是个怎样的伟大人物，好友首罗长者竟如此隆重地接待？心里想着，睡不着，他便悄悄起身，走向寒林，希望能见到佛陀，见不到佛陀，哪怕见见他的弟子也好啊！

走着走着，他忽然看见前面好像有个人独自在月光下散步，他轻轻地走上前去。在皎洁的月光下，对方威仪的神采清晰地映入他的眼帘，他不自觉地走上前去，跪下来恭敬地问："您就是伟大的佛陀吧？我看到您的相好与众不同。"

"是的，我就是佛陀，你是从外地来的？叫什么名字？"

"我叫须达多，家住舍卫城。因家中略有资产，平时经常救济贫穷、孤独的人，所以人家都喊我'给孤独'。"须达多说完后，便抬头仰视佛陀。他看见佛陀完美的人格与威仪，远超过他的想象，他还看见佛陀身后放射着耀眼的金光。

佛陀在洁白的月光下为须达多说法："给孤独，你有纯洁的信仰、踊跃听闻正法的决心，所以我很高兴能为你说法。你家财亿万，喜欢施惠救济穷人，你善用钱财，不为财物所役使，如此高超的德行，实在很难得！你布施，是为了祈求人天福报，但是你要知道人天福报并不是安稳寂静解脱的胜境，如果丢不掉'我执'，那你的乐就不能长久。

"布施方式有很多种，除了财物布施外，还有心施、精进施、时施、寂静施、无畏施等，这才是庄严德行的法门，才能走上自由光明的解脱大道。"

须达多长者恭敬地回答："听您的启示，让我对布施有了进一步的了解。过去我只求短暂的人天福报，但现在感觉沉在心头的迷妄乌云已被一阵清风吹得无影无踪。不过我还有一个疑问，我们都崇奉自在天神，认为世间的一切都是自在天神所造，如果说天福是短暂的，那自在天神又如何控制世间呢？"

"给孤独，所谓的自在天神创造了世间的一切都是愚痴的邪说。如果真的有天神可以创造一切的话，那为什么世间到处充满了罪恶，随时会出现各种灾难？如果真的有天神创造世界，就不应该有六道轮转的生死，生了就不该灭，成就了就不应该坏。天神如果能够创造一切，那人们就不必工作，自会有天神赐予饮食、衣服及一切所需。人们有痛苦烦恼的时候，也不应该怨天，因为自在天神能够控制一切。但事实上，人们一遇到烦恼，多半会怨天，自在天神既然能创造一切、控制一切，人们为什么还要怨恨他呢？

"如果真的有自在天神的话，就不应该有劳作，因为劳作就会疲劳，既然疲劳了就不能称之为自在。如果说这是自在天神无心而作，那这样的行为与幼童有何差别？如果说是有心而作，既然心中有事，又怎么能说是自在呢？

"给孤独，我可以告诉你，无论苦与乐，都是众生自己所做的结果，一切都是有因果关系的。诸法都是因缘而生，绝非自在天神所为。"

须达多长者听后，欢欣异常。他对佛陀说："我现在恍然觉悟了，知道了自己往日的错误，心中很感激也很兴奋，我愿意皈依座前。此外，我还有个请求，我的国家俱萨罗，土地广阔，民情淳朴。国王波斯匿王是师子族的后裔，他宅心仁厚，爱护百姓，深受人民的拥戴。舍卫城离佛陀的祖国也不是很远，我想请佛陀到舍卫城去说法。衣服、饮食、住宿等都由我供养，请求佛陀答应。"

佛陀沉思了一会儿，然后微笑着对须达多长者说："我本就想到北方去，可现在我的弟子众多，能够找到一个广大的场所容纳这么多人吗？"

"佛陀请放心，我可以在舍卫城建立一所与竹林精舍同样规模的精舍。请求佛陀怜爱我国愚昧的众生，带领您的弟子一同前往。"

"给孤独，你善心大发，广行布施，没有贪欲的执著，你的心能够与真理结合，你可以做人间的模范了。你乐善好施，因为你知道世间无常的火会燃烧你的宝库。广储钱财绝不是正道，能把财物拿来济世利人，才是真正的储宝。布施虽然是助人，但也是为自己。不要过分贪图钱财，过着合理的经济生活，才会生起慈悲恭敬的心，嫉妒和傲慢的邪执才会消除。这就是布施的力、解脱的因。

"你发心建造精舍，这不是金钱布施而是法宝布施。有的人布施是为了五欲之乐，有的人是祈求名利。但是你却为了能让众生得到法乐和解脱而布施精舍，可见你已经没有了愚痴爱执的心。好吧！你赶快回去筹备吧，早日动工兴建，完工后就立刻通知我，我一定会带弟子如约前往。"

须达多长者见佛陀已经答应了，很高兴，便顶礼告退。第二天，他办完私事，马上便返回了舍卫城。须达多长者回到舍卫城后，每天四处勘察，希望能赶快找到一个建造精舍的理想地点。但是，看了好多地方，都不满意，只有只陀太子的一座园林，山清水秀，林密花香，环境幽美寂静，是一个合适的地方。

　　虽然理想的地点已经找到，但须达多长者却很烦恼。因为这座园林是只陀太子所有的，太子喜欢的东西，怎么会随便让给别人？再说了，太子是未来王位的继承人，再多的钱也未必能打动他的心。

　　该怎么办？须达多长者想来想去，只好硬着头皮去见太子，希望能说服太子把地方让给他。他对太子说："太子，我想您一定听说过我们印度已经出现了一位伟大的佛陀吧！他是大觉的智者、真理的明灯，我想邀请他前来我国讲道，好让我国人民能有机会承受他的法益，永离生死苦恼，进入清净快乐的境界。

　　"佛陀弟子众多，需要一个合适广大的地方。我本打算建立一座甘露的宝殿，以便供养佛陀和他的弟子，但是找遍了舍卫城，始终没发现一处合适的地点。我想冒昧地请求太子，能否把您那座最适合佛陀讲法的园林出让给我，使佛光早日降临我国？如果您愿意的话，请您出个价钱，我一定遵办。"

　　这位只陀太子听是听过关于佛陀的事迹，但是佛陀到底有多伟大，他还是了解不深，所以对须达多的请求深感为难。如果答应的话，堂堂太子把心爱的东西卖给别人有伤面子；如果拒绝的话，又碍于这位受人尊敬的长者的情面。

　　太子沉吟了好一会儿，半开玩笑似的对须达多说："给孤独长者，你一定知道那座园林是我的心爱之物，实在舍不得出让。如果你真有诚心想要买下来的话，除非用黄金铺满整座园林，否则我决不答应。"

用相等面积的黄金交换这座园林，太子的目的是让须达多长者断了这个念头，以免当面拒绝，伤感情。须达多长者当然明白太子的心意，他怕太子会后悔，便立刻一口答应，然后吩咐家人派车到库房里取黄金。

太子见须达多长者来如此诚恳，深受感动。他对须达多长者说："我的园林土地决定让售给你，园里的所有花草树木请允许我布施给佛陀，表示我的一片心意。"

给孤独长者满心欢喜，回家拿了几件随身衣物便连夜赶往摩竭陀国的竹林精舍，把选地经过向佛陀叙述了一番，并请求佛陀指派弟子到舍卫城去设计精舍及督促工程的进行。

佛陀对给孤独长者的热忱极表欣慰，他慈祥地看着须达多说："发心的功德是不可思议的，精舍就叫'只树给孤独园'吧，我叫舍利弗去计划一切。"

只园精舍的工程进行得很顺利，在舍利弗的指导及给孤独的全力支援下，很快便完成了。这座精舍的庄严堂皇远胜过了竹林精舍，住房寝室有几百间，礼堂、讲堂、集会所、休养室、盥洗室、读书阅览室、储藏室、运动场等都很齐备。

同时，给孤独长者诚挚供养佛陀的事迹传遍了全国，人人敬仰，赞佩不已。但是有少数外道却心生嫉妒，他们准备集会商讨，与佛教展开一次辩论会，希望能把佛教扳倒，让给孤独长者醒悟过来。

给孤独长者把外道们的意见据实告诉了舍利弗。舍利弗听后，非常高兴，他知道这正是宣扬佛陀言叙的最好机会，于是便与他们约定了辩论的时间和地点。

激辩的那一天终于到来，台上坐满了外道的发言人，而佛教的主辩者却只有舍利弗一人。

舍利弗原本是外道的领袖，后来因皈依在正觉的佛陀座下，成了佛陀座下智慧第一的弟子。他对世俗的一切学术典籍都有涉猎，精通一切外道的典籍和仪规，他的父亲和祖父都是有名的学者和雄辩家，他秉承优良的传统，也是当时全印度著名的论客。

辩论的结果可想而知，外道输了，他们倒也认输，并且愿意接受真理，都愿意在舍利弗的引导下，皈依佛陀。佛陀知道机缘已到，便带领弟子前来舍卫城，从此北方也有了宣扬佛法的根据地。

坐落在舍卫城的只园精舍，清静幽美，如同人间仙境。园中花木郁葱，流水淙淙，精舍更是建筑得庄严堂皇，宽敞舒适，佛陀和弟子们便在此安住下来。

俱萨罗国

俱萨罗国的波斯匿王知道只陀太子把心爱的园林卖给了给孤独长者，给孤独长者还耗巨资兴建了规模庞大的精舍供养佛陀。他对佛陀如此大的感召力很奇怪，于是便亲自率领臣属，驾临只园精舍拜访佛陀。

见到佛陀后，他开门见山地问："人人都说你是一位大彻大悟的佛陀，这话估计不会假。不过，当我见到你后，心中有个疑问，很多修道者在深山丛林里苦修数十寒暑，直到衰老，也不一定能觉悟出真理。而你只不过三十来岁，年纪轻轻怎么就能证得正觉呢？而且你又不是婆罗门。"

"大王，我知道世俗的眼光都是这样的，对年轻人不信任，但这是不对的。世间有四点不能轻视：一是年幼的王子；二是初生的小龙；三是星星之火；四是年轻的僧侣。

"王子虽然年幼，但将来能继承王位统治万民；小龙虽小，但很快可以长成大龙；星星之火，可以燎原；出家的僧侣，不论长幼，不分贵贱，只要心能清净，守护道业，怀着救度众生的弘愿与精神，都能得到无上的正觉。"

如此一位统治国家、一呼百诺的君王，如今听了佛陀此番义正词严的话，不由得感到一阵强烈的震撼，好像有股特殊的力量压制住了他那颗傲慢的心，他对佛陀致歉："我什么都不懂，还请佛陀指点。"

佛陀知道波斯匿王已经被真理所慑服，便继续对他说："大王，你本是一国之君，应爱民如子，不要认为高高在上的国王，就可以随便压制人民。生命是平等的，没有比生命更可贵的东西了。你必须严于律己，宽以待人，绝对不能把自己的快乐建筑在别人的痛苦上。要帮助苦难的人，安慰烦恼的人，救济患病的人。

　　"作为一国之君，不要听信阿谀奉承的言辞，要远离小人，接纳忠言。王者为人民谋福利，而不只是役使、压榨人民。为王者本来有无上的权势，但是却不能恣情纵欲，要明白爱是苦的道理，远离情欲，如果终日沉迷其中，是无法获救的。

　　"想要悟得真理，就必须修学正见、正语、正业、正命、正精进、正念、正定。世上有两条道路：一条是从光明走向黑暗，一条便是从黑暗走向光明。愚昧的人从光明到黑暗，贤明的人从黑暗到光明。只有真正的智者才能进入灿烂光明的世界，拯救自己，拯救他人。

　　"人生本无常，幸福不需要外求。把一颗心安住在寂静的涅槃中，不因外界环境的诱惑而转移，这才是自主的生活、真理的世界。"

　　佛陀的法语让波斯匿王顿时豁然开朗，对佛陀生起了无比的敬仰。他内心欢喜，对佛陀很信服，说："您真是一位慈悲伟大的佛陀，听了您的教示，如同黑暗中突见光明一样，心中的喜悦难以言喻。对先前的傲慢态度，我深感惭愧，请求佛陀慈悲包容。佛陀能够光临是敝国的荣幸，我身为一国之主，终日被怨憎烦恼所困，您的教导如同一道吉祥的慈光，在您的慈光的照耀下，我和我的臣民才能获得安宁。"

　　听波斯匿王一番发自内心的话语，佛陀知道他已生起笃实乐法的心。而他之前是一位执著财欲和色欲的人，这正是匡正他行为的好机会，于是佛陀便温和地对波斯匿王说："大王，人世间都是空苦无常。不管贵为王侯，贫为乞丐，谁都避免不了空苦无常的现象与生、老、病、死的痛苦。一个人的寿命终了，身体与灵魂分离了，哪怕是恩爱夫妻、知心好友，死后都不能做伴。但是善恶的作为却如影随形，在未来也一直跟随着自己。

"世间的人，都只顾眼前的快乐，拼命追求财色的满足，从未考虑过死后的归宿问题。人们天晴时知道买伞，平时知道储粮，但是对如此一件人生大事，却不去仔细思量，终日被财色所迷。殊不知，财色就是痛苦的根源，它会把一切智慧都蒙蔽。

"要对别人广施仁爱，平时没有善行，后世就得不到幸福。现在所谓的幸与不幸，都是过去的行为所导致的，想要未来幸福，今生就不要忘记修善。因为今生种下的善恶之果，只能自己承受。

"大王，我还要纠正世人的一个错误观念。不要认为修善学道就非得出家不可，只要所修的是真正的大道，出不出家都是一样的，即使到了深山，也有中途堕落者，有的在家修行也获得了福报。修行学道，没有长幼、贵贱之分，国家的君王一样可以修行。"

佛陀的法语让波斯匿王深为信服。从此，波斯匿王成为佛陀的得力弟子、忠诚护法。

回到祖国

只园精舍和佛陀的祖国迦毗罗卫国相隔不远，迦毗罗的人民纷纷传说佛陀即将回国了。

净饭王得知儿子要回来，对佛陀思念难耐。

一天，波斯匿王派一位使臣给净饭王送来一封信。净饭王从信上得知悉达多确实是一位大彻大悟的佛陀，就更加思念他了。净饭王的宠信大臣优陀夷见国王焦急不安的神态，不禁关心地询问说："大王有心事吗？能否说出来，让臣下为大王分忧？"

"波斯匿王送来一封信，说悉达多太子最近就要回国。"

"真的吗？这是值得高兴的事，大王为什么心事重重的？"

"我本想派一位大臣去接他，但是又担心派去的人会像侨陈如他们一样，自己也出家了。"

"当初悉达多太子要出家，我曾百般相劝，让他要以国事为重，打消出家的念头。这件事派我去好了，我是不会像侨陈如他们那样的。"

"好吧！那你就快去快回吧！"

优陀夷奉命来到了舍卫城。见到佛陀时，他内心一惊，因为分别了十五六年，悉达多太子的相貌已完全改变，虽然衣着朴素简单，但是风采更具威仪，佛陀的相好比过去更圆满、更慈悲、更庄严了。

优陀夷恭恭敬敬地行过礼后，随即双手递上净饭王的书信。

佛陀看完父王的信，问优陀夷说："父王的身体健康吗？"

优陀夷恭敬地回答："大王很健康，他很希望早日见到您。"

"我正准备回去看看的。你远道而来，路上很辛苦，先休息一下吧，我不久就会回去的。"

佛陀亲自带领优陀夷参观只园精舍。优陀夷见佛陀的弟子们在一起相处生活，思想统一，利益均衡，法制平等，言语和善，感到很羡慕，心想，如果能在佛陀的座下受教，那是何等的幸福啊！

佛陀看出了优陀夷的心意，慈祥地问："你喜欢这样的生活吗？"

"羡慕极了！"

"愿意出家做沙门吗？"

"只要佛陀慈悲允诺，我极愿意皈依在佛陀座下。"优陀夷居然把对净饭王许下的诺言给忘了。做佛陀的弟子，本不一定要出家，在家一样可以向佛。佛陀从不劝人出家，只是希望人们都按奉行真理去身体力行。佛陀见优陀夷至诚发心，便叫来一位弟子，依照出家的仪式为优陀夷剃度。剃度完毕，换上袈裟，佛陀对他微笑点头，深表嘉许。

优陀夷成了佛陀弟子，满心欢喜，深感荣幸。但是他此次前来是有王命在身，现在该如何向净饭王复命呢？最后，经过佛陀的一番开示，他才欣然回国。

净饭王看着身穿袈裟的优陀夷，笑着说："果然不出我所料，连你也靠不住！我问你，太子向你说了些什么？"

优陀夷向净饭王介绍了一番太子的现状，并且说太子七天内就会回来。净饭王听说佛陀即将回国，心中喜不自胜，巴不得六七天的时光一下子就飞越过去。

大多数有成就的人回到故乡，世俗的观念称之为衣锦还乡。佛陀离开自己的国土时，身穿绫罗绸缎，佩戴珠宝璎珞，如今一袭袈裟，身无长物。但是佛陀离开了烦恼的家，舍去太子之位，战胜一切苦难，如了自己的心愿，成了正觉世界的大觉智者。

佛陀带领弟子终于回来了，他回到自己的祖国，但是没有立即回宫，率领弟子们在迦毗罗卫国托钵乞食。城里百姓见到已成佛陀的悉达多太子，对他庄严的仪态、慈悲的容颜，无不争相顶礼，恭敬供养。

净饭王听到消息，觉得很奇怪，分别十多年，他对太子无比想念，但是太子却不先来给自己问安，于是便率领臣属出宫去看个究竟。在路上，两队行列相遇了，一边是前呼后拥，尊贵华美；一边是简单朴实，整齐静肃。

净饭王赶忙下车，前去准备和太子拥抱，但是佛陀却威严不动，屹立如山，净饭王感到很尴尬，便以责怪的口吻说："悉达多，你是我的太子，我们已经分别了十多年，我无时无刻不在想念着你。好不容易把你盼回来了，你却不回宫来和我见面，你知道我有多伤心吗？还有，即使你的弟子再多，我也供养得起，你们何必在街上沿门乞食？岂不是丢尽我们释迦族的脸吗？"

　　佛陀的慈容静如止水，他温和、恭敬地回答："父王，我已不是过去的悉达多，不要再喊我的名字了，叫我佛陀就好了。"

　　净饭王又说："你可知道，自从你离宫出走后，十多年了，我们的日子是怎么过的？现在好不容易见面了，你既不和我拥抱，又不让我叫你的名字，看来，你是一点儿情感都没有了，怎能不让我伤心失望？"

　　佛陀知道父王还存有父子情爱，便恭敬地说："父王，您对我如此垂爱关怀，徒然增加我内心的忧伤。现在我的一切已不再是我一个人的，我是一切众生的，请父王多多谅解。我是应该报答父王生我的恩德，但是报恩并不一定要奉上那不实的爱或是无常的财宝。人天所稀有的至宝，便是胜妙的甘露之法，我将以此来报答父王。

　　"人生在世的一切作为，都会造成六道轮回的因、六道轮回的果，但是都离不了一个'苦'字，而苦的根源就是爱和欲。舍去爱欲，清净自身，修养德性，行善积德，不要因六尘境界而转移自己的心，不被无明妄想所迷惑。如此昼夜不断地精进，一定能得到将来的大利益，走上自由解脱之路。

"自由解脱的境界就是无我的境界，想要进入此种境界就要远离三界的欲念，天界的欢愉、人间的快乐都不是永远的，只有真正的涅槃境界，才是第一究竟的快乐。"

净饭王听了佛陀的法音，心灵深处也生起了一股力量，把强烈的爱执压住了。佛陀和净饭王在回宫的路上边走边谈。他们回到宫中，受到百官和臣属的欢迎。

耶输陀罗自从听说佛陀即将回国的消息后，心里便一刻也不得安宁。她想象不出佛陀如今的模样，见面时两人还是否有话题可谈。悉达多太子走了十多年，耶输陀罗终日以泪洗面，还要抚育年幼的罗睺罗，这种寂寞的岁月真是难以度过啊！太子一进宫就应该来慰藉她才对，想着想着，耶输陀罗百感交集，泪流满面。

这时爱子罗睺罗匆匆走来，说："妈妈，爸爸回来了，祖母要我请你出去见面。"

耶输陀罗母子出现在佛陀面前的时候，他以庄严的神态静静地看向她。多情美貌的耶输陀罗对他又爱又恨，她心中有千万种情绪交织在一起。

佛陀语气平静、神态庄严地对耶输陀罗王妃说："这么多年，辛苦你了。虽然对你很抱歉，但我对得起一切众生和我自己。你应该为我感到高兴，因为我已经达到了我的本愿。"然后又转过去看着罗睺罗说，"你已经长这么大了，真快啊！"

简简单单的几句话，听起来好像没有什么情感，但其实是无比的深情，在场的人都深受感动。此时，净饭王走进来请佛陀向大家说法。佛陀和净饭王及王后、王妃等一行人走出来，来到大殿上，王公大臣与他们的眷属已经聚满了。佛陀在台上坐定，微笑着扫视了大家一眼，然后徐徐开口说道："人生无常，谁都不知道死亡将在何时来临，人世间再也没有比老、病、死更可怕的东西了。当初我苦苦思索这个问题，没有得出结论，为此终日烦恼不安，所以才毅然出家学道。我出家的时候，给大家都带来了很多麻烦。

"世上没有不死的人，为了求得不死之法，追求一个永恒的生命，我决定出家。现在我不再恐惧死亡，永恒的生命终于证得；我现在无上平和，我已摆脱了一切痛苦。但是你们仍然陷在老、病、死、苦的深渊里，我和你们如同生活在两个不同的世界。

"你们看我身披袈裟，粗茶淡饭，夜卧一席之地，也许认为苦不堪言，但是这种想法是错的。过去，我身在王宫，生活奢华，父王慈爱，臣属们恭敬服从，但我仍然很苦闷，仍然烦恼，整天痛苦不安。但是现在我安住在涅槃里，心境无比的宁静和快乐，而你们却仍然生活在无常、迷惑、苦恼中。你们见到我出家，应该心生欢喜才对啊。如果你们也想要进入清净、自由、解脱的涅槃境界，就必须修学正见、正思维、正语、正业、正命、正精进、正念、正定等八大道，这是走上超凡脱俗的途径。在那里，一切恶念如贪、瞋、痴等都可消除，真正地觉悟解脱……"

家人皈依

佛陀此次返国，把他无价的真理之宝赠与了国人，佛陀的叔伯、兄弟们听了佛陀的说法，有些也起了出家的念头。尤其是阿那律王子，听了佛陀的教示，敬佩得五体投地。他把自己的心意告诉了跋提，立刻引起了跋提王子的共鸣，别的王子也都很赞成，他们共同约定，一起出家做沙门。

计议已定，他们便悄悄地溜出宫去，到理发师优波离那里把头发剃光了。理发师一边剃头，一边流泪，而阿那律王子责怪他说："看到我们剃发出家，应该为我们高兴才对，怎么反而哭起来了呢？"

优波离惶恐畏缩地说："请原谅我的失礼，自从我奉命为跋提王子理发以来，他对我很照顾。想到今后跋提王子要云游四方，漂泊不定，不知道何时才能见面，不觉悲从中来，还请王子原谅！"

"不要难过，我们会想办法照顾你的生活的。"阿那律王子安慰他说，然后转身对跋提王子说，"优波离从小就服侍跋提王弟，我们出家前，应该为他今后的生活作点安排。我们把身上戴的璎珞等装饰品都取下来放在这儿的一张毡子上，送给优波离吧！"

大家一致赞同。他们换上袈裟，便把绫罗衣衫和各种饰物，全都留给了优波离。

他们离去后，优波离仍然在伤心流泪，他在感叹自己的身世，身为奴隶，他都不敢妄想出家成佛。这时，他的门口出现了一位庄严威仪的佛陀弟子，他赶忙走上前去，双膝跪下说："你是佛陀的大弟子舍利弗，我想问你一件事，像我这种奴隶身份的人，能做佛陀的弟子吗？请原谅我如此大胆的发问。"

舍利弗慈祥地对他说："佛陀的教法，是最自由、平等、慈悲的，无论智愚，不分贵贱，只要能听从佛陀的教示，遵守清净的戒律，就可以做佛陀的弟子，谁都可以证得无上的正觉。你叫什么名字？我带你去见佛陀，他一定会收你做弟子的。"

佛陀很高兴地为他剃度，并且嘉勉他说："你很有善根，将来一定能够弘扬我的正法。你来以前，跋提王子他们要求皈依，我虽然答应了他们，但是他们需要经过七天的修行，等他们忘记了自己的王子身份才能进入佛门，到时他们就会与你以礼相见。"

七天过后，佛陀安排跋提王子等和优波离见面，王子们愕然地面面相觑，都说不出话来。

佛陀威严地对他们说："出家学道先要降伏高傲自我的心，我先允许优波离出家的，所以你们应该向优波离顶礼才是。"

佛陀的话让他们顿时感悟，便虚心向优波离顶礼。优波离反而感到拘束起来。

佛陀对优波离说："你应该以兄长的身份对他们。"优波离感动得不住地向佛陀顶礼膜拜。

佛法如同百川流入大海，不分四姓阶级，皆为一姓；不论贫富贵贱，皆平等。

迦毗罗卫国的四邻都是强大的国家，它们一直虎视眈眈地觊觎着，对此，佛陀深感忧虑。父王百年以后，国家的前途让人忧虑，王弟难陀庸碌无能，沉迷于女色；罗睺罗年幼无知，难当大任。佛陀念及祖国的前程、种族繁荣、社会安定、人民康乐等问题，虽说世事无常，但他还是想尽力挽救危机。

佛陀想未来国家的大权，既不能交给沉迷女色、平庸无能的难陀，也不能让年幼无知的罗睺罗去担当，那就只能接引他们两人出家。而将来继承王位的人选，具有平等观念没有亲疏之分的佛陀认为可以在朝廷中选拔出一位贤能而堪当重任的人。

佛陀首先命舍利弗为罗睺罗剃度。在当时，还没有儿童出家的规则，佛陀指示用特别的得度方法，先让他做沙弥（幼年和尚），受沙弥十戒，这完全是佛陀爱国爱民、大公无私的慈悲之心。

接下来是度难陀出家。想让沉迷女色的难陀出家是件不太容易办到的事情，但是为了国家的命运，佛陀还是想出了办法。佛陀对难陀说："难陀，我照顾一切众生，却单单不能照顾你，既然要照顾你，就得为你的永久幸福着想，你跟我一起出家吧！"

难陀以为是一句玩笑话，便随口答应："好啊！"

佛陀便马上命舍利弗为难陀剃度，难陀见佛陀如此认真，不免大吃一惊。舍弃家中美艳娇妻剃度出家，他心有不甘，但是威严的佛陀站在身旁，他又不敢拒绝。

难陀剃度后，怎么也不能安下心来修行。佛陀看得很清楚，他想必须用事实来点破难陀的痴迷。

有一天，佛陀带领难陀到郊外散步。他俩走进丛林深处，见到一只肮脏丑陋的母猴，佛陀问难陀说："孙陀利姬和这只老母猴比起来如何？"

"佛陀，这不是开玩笑吗？孙陀利姬有沉鱼落雁之容，闭月羞花之貌，她的姣美，连天上的仙女也比不上！"

"难陀，你见过天上的仙女吗？要不要我带你去见识见识？"

难陀一听，欢喜非凡。于是佛陀运用威神德力，转眼间把难陀带进另一个灿烂辉煌的世界，让他见识了那里更加冰清玉洁、窈窕妩媚的众多美女。看到这么多美女，难陀说想要跟着佛陀修行，然后到极乐世界去享福。为了让难陀改变错误认识，佛陀又利用神力把他带到了一个十分恐怖的地方，那里有给那些一心享受的人准备的各种酷刑。

看到这些，难陀恐惧之余也认识到了自己的错误，他马上跪下去诚心忏悔。佛陀知道他已觉悟，就安慰他说："改往修来，现在还不迟，你跟我回去吧。"

从此难陀舍弃世俗，安心学道了。

父王去世

佛陀在祖国逗留了三个多月，然后便带领着弟子们回到了只园精舍。几年后，他再次回到王舍城灵鹫山的竹林精舍去安居。

每到夏天不便外出乞化度生的时候，佛陀便集合各方弟子，讲述修行的法门和宇宙人生的真理。大圣佛陀的经典中，例如《金刚经》《阿弥陀经》《胜鬘夫人经》等，都是在舍卫城只园精舍说的；《般若经》《法华经》《无量寿经》等，都是在王舍城竹林精舍说的。

佛陀是知道过去、现在、未来的大觉完人，他在灵鹫山的竹林精舍安居时，预知到净饭王会得病，果然不久后便有使者求见，向他报告说净饭王病情严重，希望能与佛陀再见一面。佛陀闻讯，立刻带难陀、罗睺罗等赶回了迦毗罗卫国。

卧病在床的净饭王见到佛陀，心中又悲又喜，他对环侍左右的人说："佛陀说过诸行无常，我已活到了 93 岁的高龄，眼看着我的太子成就了天上人间最尊贵的佛陀，遂了他历劫的本愿，我以此为荣，获得了很大的安乐。现在能见佛陀一面，如同见到了死后的光明，你们不要为我悲伤。"净饭王说完，含笑而逝。佛陀沉默、严肃地站在一旁，恭送父王离开人世。

净饭王的遗体被抹了香油，用布帛缠绕，然后入棺收殓。棺木上镶有宝石，四周用鲜花装扮，佛陀和难陀等在灵堂守护。出殡那天，佛陀和难陀、罗睺罗等亲抬棺木，送往火葬场，沿途的百姓痛哭哀悼，场面极其感人。

净饭王在世的时候，就有强邻压境，俱萨罗国的兴起也是一大隐患，如今净饭王驾崩，难陀与罗睺罗先后都已出家，全国无主，人心惶惶。释迦族中有一位英武的王子名叫摩诃那摩，是阿那律的哥哥，大家都推举他出来摄政，佛陀也表示同意，所以迦毗罗卫国还能暂时维持，但最终难免覆灭的结局，这是佛陀早就预料到的事。

父王葬礼完毕，摄政有人，佛陀带领弟子告别迦毗罗卫国，暂住在城外的尼拘陀林中。

发扬光大

允许女性加入僧团

一天，佛陀的姨母摩诃波阇波提夫人带领着五百多名释迦族女子来到尼拘陀林求见，并给佛陀呈献了两件新衣服。摩诃波阇波提夫人恳切地请求佛陀说："希望佛陀慈悲，允许我们女人依正法出家，求受具足戒。"

佛陀不假思索地拒绝："我不能接受这个要求。过去诸佛都不允许女人出家，女人在家学道，只要勤奋精进，一样可以得到正觉，但不可以出家，未来的佛陀一定也这样认为。你若能奉行我的教法，在家修行也可以。你要知道，正觉的道果，是不分在哪里的，无论在家或出家。"摩诃波阇波提夫人虽然失望，但不死心，她曾三次请求，都被拒绝了。

佛陀怕她再来苦求，就带领弟子去了那摩提犍尼精舍实施教化。那时候，很多的精舍及讲堂，如鹿母讲堂、重阁讲堂、瞿师多讲堂等都相继建立。

摩诃波阇波提夫人听说佛陀行化到那摩提犍尼精舍的消息后，马上和那五百多位志同道合的妇女商量，大家下定决心剃去头发身披袈裟往那摩提犍尼精舍赶去。

佛徒阿难发现了她们，摩诃波阇波提夫人也看见了阿难，就恭敬而亲切地向他顶礼说："阿难尊者，真巧！一来到这里就碰到你。看到我们这种情形，你应该了解到了我们的决心和诚意，请你务必带我们向佛陀恳求，请他收留我们，让我们皈依在他的座下。如果佛陀还不答应的话，我就死在这里。"

年轻的阿难很同情她们，他不了解佛陀的心意，也不懂教团的制度，他安慰摩诃波阇波提夫人说："你请放心，我马上去见佛陀，一定全力为你劝请佛陀答应。请你们在这里休息一会儿，等我的消息。"

阿难匆匆走到佛陀座前，鼓足了勇气说："佛陀，摩诃波阇波提夫人带领五百多名妇女已经来到这里。"

佛陀淡淡地回答说："她们不是为请法来的，你替我去拒绝她们。"

"佛陀，她们已剃掉头发披上袈裟，希望做比丘尼。她们坚决表示，如果不被应允，宁死也不回去，我看她们实在可怜！"

"我也很可怜她们，但我更可怜众生，更要正法永传。你知道教团中是没有比丘尼制度的，你还是去回绝她们吧！"

"佛陀，摩诃波阇波提夫人是佛陀的姨母，对佛陀有养育之恩，我真不忍心回绝她们。再说，她们意志如此坚定，如果不允许的话，说不定会发生什么不幸的事。"

"阿难，我怎么会忘了她辛苦抚育的恩德？但是在法制上，我们的僧团中是不能让女人加入的。"

阿难一时无话可说，但想到摩诃波阇波提夫人和那五百多名妇女恳切、期待的眼神，心中着实不忍，于是又鼓足勇气说："佛陀，难道佛陀的教法中有男女之别吗？这怎能说众生平等呢？"

佛陀便耐心地向阿难解释："当初我成道时就说过众生皆可成佛，不拘泥于任何人；我说过男女应该平等，众生都是平等的。但是你知道我的教法以人类为本，无论男女，修功德、智慧、自利利人、断除烦恼，都是一样可以证得圣果的。

"当年我在只园精舍说法的时候，波斯匿王和末利王妃的爱女胜曼夫人，她修学我指示的教法，她所说的法理非常深奥、圆满。我第一年传道时，就接受了耶舍母亲的皈依，做在家的优婆夷弟子。阿难，你知道修学我的教法，并不一定非要出家。

"我知道像姨母这样的女子出家，将来一定能证得圣果，但是为将来的教法着想，不能让女子加入僧团，这好比在良田里种稗草，会影响收获的。这个道理，你懂吗？"

年轻、热忱的阿难哽咽着说："慈悲的佛陀，您难道忍心见她们白白地死去而不加援手吗？"

佛陀沉默了好长时间，他知道这是众缘和共业的关系，世间没有清净常住不坏的法，于是对阿难说："好吧！叫她们进来吧。"

阿难欣喜万分地领命而去。不一会儿，摩诃波阇波提夫人率领五百多名妇女跪在佛陀座前，顶礼膜拜："感谢慈悲的佛陀，让我们这些人见到光明，回到了故乡。"佛陀说："要加入我的教团出家，必须遵守、奉行以下八条。"

"绝对遵行，请佛陀放心。"于是，佛陀威严地讲说了做比丘尼的八敬法。说完后，佛陀又再叮咛："你们一定要奉行这尊师重道的八敬法，如果违背了，那你们将失去清净的修行，我的正法也会因此而紊乱。"

摩诃波阇波提夫人及五百多名妇女齐声应允，发誓遵行。后来耶输陀罗王妃也加入摩诃波阇波提夫人的比丘尼教团出家了。

一次，一位年轻的比丘尼向佛陀问道："佛陀，像摩诃波阇波提夫人她们已经剃发现出僧相，我们还能不能把她们看作女人。还有社会上的一般妇女，我们该持怎样的态度对待她们？"

佛陀详详细细地告诉他，要保持一颗纯洁的心，因为自己已经出家，好比莲花，要出污泥而不染。见到年长的妇女，就把她当作母亲或长辈一样看待；遇到年轻的女子，要把她看作自己的姊妹，不可心存邪念。

制定戒律

佛陀的教化范围越来越广，信奉皈依的人也越多，僧团中的人也越来越复杂。佛弟子终究是佛弟子，他们不是佛陀，要求他们个个具备圣贤条件，也是不可能的事，众多弟子中，总是难免会有贤、愚之分。

净饭王的心腹臣属优陀夷，出家后名叫迦留陀夷。他虽然剃度出家，但并没有真正的发心。

佛陀常因女人的事批评他，事后他也知道忏悔谢罪，无奈生性放荡，经常理智敌不过情感，一错再错。迦留陀夷住在只园精舍时，因为园中乌鸦叫声太吵，便想用弓箭射杀它们。这事被佛陀知道后，狠狠地训斥了他一番。

迦留陀夷与波斯匿王私交很好，进出宫门不必通报。一天清晨，迦留陀夷进宫去看波斯匿王，恰碰末利夫人刚刚起床，听说迦留陀夷来访，急忙披衣起迎，仓促间衣服滑落，尴尬万分。迦留陀夷事后向他人炫耀他看到了末利夫人白净的身体，这件事又受到了佛陀严重的申斥。

还有一次，迦留陀夷被路上所遇的婆罗门的姑娘的美色所迷，这位姑娘对他似乎也颇有好感，两人走到一个无人的地方，情不自禁地相拥在一起。这时，迦留陀夷心中蓦然惊觉，赶快推开姑娘，拔腿狂奔逃回了精舍。姑娘误会他在故意侮辱自己，自尊心很受伤，于是撕破衣服，回家里哭诉，说是迦留陀夷调戏她。

这下激怒了她的家人，她的父亲、哥哥和邻居们拿起木棍，守候在迦留陀夷必经的路上，见他走近，便蜂拥而上把他毒打了一顿，然后丢在了宫殿旁边的护城河里。幸好被宫殿里的卫士发现，及时相救，他才捡回了性命。

比丘尼中喜行恶法的是伦兰难陀。伦兰难陀虽然已经剃度，但泼妇似的性情依然未变，佛陀常加喝斥，但并没有把她逐出僧团。伦兰难陀对大沸伽最为嫉妒、憎恨。一天，她在路上与大沸伽相遇，竟破口大骂。此事如果让佛陀知道，一定会把她驱逐出去，但是大沸伽并没有跟她计较。这件事传到了迦留陀夷的耳中，他愤怒异常，找到了伦兰难陀，破口大骂道："你这个恶婆，连大沸伽尊者也敢骂，他风度好不和你计较，我可不会让你的。"说完，痛揍了她一顿，扬长而去。

迦留陀夷虽然生活上放荡不羁，但是很有才干，与人相处很随和，尤其是迎接妇女来皈依，他最有办法。舍利弗、目犍连、大沸伽等大弟子见到女人很拘束，迦留陀夷却能应付自如。他不高傲自我，对谁都没有怨毒之心，对德行高超的长者很尊敬，僧团中他的人缘很好，但也是大家取笑的对象。佛陀很关心、爱护他。佛陀回到只园精舍时，他经常亲近佛陀，在道学修养上很有进步，因此佛陀对他很放心。

佛陀为了僧团的远大前途，便开始着手制定戒律。除了杀、盗、淫、妄、酒等根本大戒外，还陆续制定了四波罗夷、十三僧残、二不定、三十尼萨耆波逸提、九十波逸提、四波罗夷提舍尼、七灭诤、百众学等比丘戒律，以及比丘尼的350条戒。菩萨有十重四十八轻戒；在家皈依三宝的弟子可以受五戒或六重二十八轻的菩萨戒而做优婆塞或优婆夷。

不杀生、不偷盗、不邪淫、不妄语、不饮酒是出家的沙门要守的根本大戒，如有毁犯者，不能和大家住在一起，必须退出僧团。如自觉不能守戒，还俗不算罪过。

戒，让僧团保持清净，各人遵照戒律而行，过着有法制的生活。佛陀还规定每半个月布萨一次，集合说戒，使众比丘都能在清净中长养善心。

佛陀在传道初期，度了大沸伽、舍利弗、目犍连后，经常随众的比丘弟子多达千余人，后来又有了很多求道的人加入僧团。众多人住在一起，难免发生争执。人们不可能皈依佛陀后，瞬间变成超凡圣人。众多比丘中，什么人都有，如同十个指头有长短，所以佛陀的弟子中，能够遵照佛陀的教诲，精进向上，证得正觉圣果的不在少数，但是不依佛陀指示而行，中途堕落者也有。

一次，佛陀说法时，弟子中发生了强烈的争执，彼此互不相让，于是佛陀便集合大家说教："不要再争执了，以争止争是不可能的，只有忍耐才能终止争吵，大家要重视忍的德行。以前侨赏弥国的长寿王，因为邻国波罗奈国的梵豫王率军来犯，便带病抵抗，结果把梵豫王生擒了。长寿王不但没杀他，还把他放了。长寿王原本可以杀了他，但是他没有那么做，因为长寿王希望他今后不要再有侵占他国的野心，以免生灵涂炭。

"梵豫王虽然当时很感激，但回国后心有不甘，便率领大军前来报仇雪恨。长寿王心想：要战胜他并不难，但是他的目的无非是想吞并我的国土。那好，我把国土让给他，以免战乱让人民遭殃。

"于是，长寿王把国政让给梵豫王，自己率领眷属，改换便装，隐姓埋名到了梵豫王的国境生活。没过多久，有人向梵豫王告密，梵豫王便下令搜捕，一般民众对长寿王深表同情。当时寄养在别处的长寿王太子名叫长生童子，听说父王被捕了，便化装成一个樵夫，偷偷前往探视。长寿王交代自己的儿子说：'孩子，忍，就是孝道！含凶、怀毒、怨恨，只会种下万载的祸根，不能结怨，要行慈悲的大愿，否则就是不孝。你要知道诸佛的慈悲，包含天地，不要存为我报仇的心，赶快走吧！'长生童子谨遵父命，逃入一座森林中暂避。波罗奈国的人民都很同情长寿王，有些豪族士绅、王公大臣甚至都为他求情。梵豫王见长寿王竟有如此名望，心里更加嫉妒、恐惧，于是下令把长寿王斩首了。

"长生童子知道父王被害，悲恸万分。他改名换姓来到迦尸城。聪明伶俐的长生童子在迦尸城拜师学艺，后来成了有名的伎乐圣手，经常出入贵族豪门的宅邸。一天，梵豫王发现了他，便把他召进了宫，让他在左右侍奉。这位善解人意、技艺出众的少年，深受梵豫王的宠信，甚至把护身的刀剑都交由他保管。

"有一次，梵豫王出去狩猎，不料在山中迷路了，当时只有长生童子一人随行。梵豫王十分疲惫，趴在一块大石上睡着了。长生童子眼见杀父仇人就在眼前，真是为父报仇的好机会，他咬紧牙关，举起刀正要砍下去，忽然想起了父王的遗训，深深叹了口气，又把利刃插进鞘中。

"此时，梵豫王突然惊醒，对长生童子说：'太可怕了，我梦见长生童子来找我报仇，他举刀向我头上砍来，我一惊便醒了。'长生童子从容不迫地回道：'大王，您知道我是谁吗？我就是长生童子，您睡着的时候，我本想为父报仇雪恨，但想起了父王的遗训，我决定放弃杀害您的念头。'

"梵豫王惊恐之余，忙追问：'你父王的遗训？他怎么说？'

"'父王说，毒恨的心是万载祸患的根源。忍！只有忍！才是孝道。'

"'忍，我是懂的，但怀恨是万载祸患的根源怎么讲？'

"长生童子说：'我杀了大王，大王的手下必定会追杀我，我们国家的人会再为我报仇而杀死大王的手下，如此杀来杀去，永无了期。如今我不杀大王，大王也原谅了我，一场仇恨，到此为止，这就是忍能断除祸患的根源。'

"听长生童子这么一说，梵豫王羞愧万分，对自己过去的作为深感悔恨，他自责地说：'我杀了圣者，罪该万死！'后来他诚恳地表示愿意把国土全都让给长生童子。

"长生童子很谦虚，他只拿回了原本属于他父亲的国土。此时，梵豫王的臣属已一路寻来。梵豫王告诉大家自己身旁的人便是长生童子，并且制止臣属们伤害他，还把长生童子以德报怨的事讲给他们听，后来大家不但不敢存加害之心，反而更加崇敬这位少年。后来，梵豫王还把自己的女儿许配给了长生童子为妻。"

讲完这个故事，佛陀又对大家说："各位比丘怀着真心的信仰，背井离乡来探讨宇宙的真理，求证人生的实相，所以你们应该行忍辱，赞叹忍辱；行慈悲，赞叹慈悲，对一切众生布施恩惠。要知道宇宙中的实相是一体的，不应该有你我的争执。"

一位比丘说："佛陀，别人对我讥嘲辱骂，让我一句话也不说，我可做不到。"

佛陀凝视着这位比丘，语气威严地训诫道："长寿王以国君之尊，尚且能够忍辱，你们只是口头争执，怎么就不能化解呢？想以争止争，那将永无了期，而且你们之间的争执全起于自我执著的私念。不应该以自我的私见去争执，应该忍，忍之道才是最可贵的。"

佛陀等大家走后，一个人独自信步走到波利耶沙罗林，阿那律、跋提、金昆等三兄弟住在树林里修行。他们按照佛陀的指示行事，外出乞食，谁回来的早，谁就先铺床，然后再去汲水，拿出水瓶和洗脚用具，再把吃不完的东西留在阴凉的地方，等回来的人吃。一切都收拾好之后，把手脚洗干净，整理好尼师坛（佛家念经打坐用的工具），入室念佛、坐禅。

后面紧接着回来的人，要把布巾洗净，把水补足，准备好让后面回来的人用。吃饭的时候，饭不够吃的话，就把前面人剩下的拿来吃，然后再收拾好。洗净手脚，整理好尼师坛，入室念佛或静坐。

佛陀的弟子们都过着这样有律仪的生活，天色快到黄昏的时候，最早回来的人从禅定起来汲水，气力不够的时候，便举手示意，叫别人帮忙，大家就这样默默地、静静地生活。五天集会一次，商讨一些问题或报告各自的修行心得。他们对这种平和、美满的生活感到快乐、幸福。

度化事迹

关于佛陀度化众生的故事很多，很传奇，下面就讲几件，让我们来了解一下佛陀普度众生的光辉形象，学习其中的做人道理。

一天，一对夫妇向佛陀布施了一钵饭。佛陀接过饭，说道："种一收十，种十收百，种百收万，你们这一钵饭的功德将会获得无量的福报。"

"佛陀，只不过是一钵饭，哪会有这么大的福报？我们是凡愚之人，还请佛陀开示。"

"你们见过尼拘陀树吗？它的树荫能遍覆很大一片面积，每年有千千万万的果实落下来，但是尼拘陀树的种子也仅是一颗小小的果实啊。"

佛陀用简单的比喻让他们知道了布施获报的意义，知道佛语不虚。

给孤独长者有七个儿子，都已娶妻成家。他的小儿媳妇名叫玉耶，系出名门，年轻貌美，所以骄纵傲慢，平时不尊敬公婆，妯娌间也不能和睦相处。对这个不能善尽妇道、毫无贤淑德行的儿媳，给孤独长者感到非常伤心。他毫无办法，只好到只园精舍去求见佛陀，说道："慈悲的佛陀是众生的慈父，唯有佛陀的智慧威德，才能度化这愚昧的众生。本想带她来接受佛陀的开示，但她被愚痴蒙蔽了心，不但不信，还毁谤佛法。我曾屡加斥责，但她根本不当回事，请佛陀务必度化我这个顽劣的儿媳。"

佛陀知道给孤独的心意，当时便点头示意亲自去他家一趟。给孤独长者感动得热泪直流，匍匐在佛陀座前，顶礼佛足。

第二天，佛陀带弟子来到给孤独的家中，他全家大小都恭敬出迎，唯玉耶避而不见。为此，给孤独长者深感惭愧。佛陀反而安慰他说："你不必难过，一会儿玉耶自会出来。"

佛陀说话间，身上像是放出了万道金光，四周墙壁被照得如同透明的玻璃，这时大家都看到了躲在佛陀身后从门缝里偷偷张望的玉耶。玉耶见佛陀的相好光明，傲慢之心一扫而空，她自知已无法隐藏，只好低着头慢慢走到佛陀身旁站立，不敢仰视佛陀的圣颜。

佛陀语气平和、慈祥地对她说："玉耶，美艳的容貌，窈窕的身材，并不值得骄傲，唯有心行端正，具有娴雅的女德，才是最可贵的，才能被人尊敬。何况，青春短暂，转眼即逝，明智的人是绝不会拿这种虚假不实的东西向人炫耀的。"

佛陀的法音，一字一句都击中她的心坎，她恐惧惶惑地问佛陀:"佛陀,我该怎么做?"

佛陀见她有收起骄横之心,便慈祥地为她阐述了一些做人的道理,他说:"为人妻室的人,要奉行五道:

1. 敬爱丈夫,如同父母爱护子女一样。

2. 要把自己的丈夫视为君王,而自己就像是臣子。

3. 要把丈夫当兄长一样,夫妻间相敬如宾。

4. 要像婢女一样侍奉自己的丈夫,要尊重丈夫。

5. 夫妻之间要恩爱,不要有二心。

"另外,为人妻还要奉行五善,除去四恶,五善便是:

1. 早起梳洗,保持整洁,迟睡则当心门户火烛,不可推给别人。

2. 犯错被责备,不要怀恨在心。

3 忠诚于丈夫,不可心生邪念。

4. 注意丈夫的健康,让他长寿。丈夫离家时要操持好家务,不可懈怠。

5. 要记得丈夫的好处,不要总记得以前的错误。

"四恶是:

1. 早睡晚起,懒惰,有了错误不接受批评,还强词夺理。

2. 对丈夫不专心,常心存邪念。对公婆妯娌不尊敬,与亲戚族人不亲近。

3. 沉迷于享乐,不顾家事,说人闲话,搬弄是非。

4. 爱慕虚荣,态度傲慢,任性妄为。

"玉耶!女人如果能奉行五道、五善,便会受人尊敬,恩德波及子孙；如果犯了四恶，那夫家人是不会喜欢的，而你自身也会遭受祸患。你难道不希望做个受人尊敬、被人赞美的人吗？你愿意做一个被人憎厌的恶妇吗？"

玉耶听后，惭愧得痛哭流涕，她向佛陀忏悔："我是一个愚人，听了佛陀的教化，才知道自己错了。请容我忏悔，今后我一定全心全意恪守妇道，绝不再起傲慢之心。"

佛陀欢喜地赞叹道："谁能无过？只要知道悔改，就是可贵的。"

接着，玉耶又请佛陀为她授说六重二十八轻戒，她发誓愿做一个在家修行的优婆夷。给孤独长者全家都很高兴，一方面感激佛陀的教化，一方面祝贺玉耶的新生。

还有一次，佛陀在灵鹫山遇到一位修道非常偏激的比丘，他名叫守笼那。佛陀教导他说："守笼那，听说你在家时弹得一手好琴？"

"是的，佛陀。"

"弹琴时弦绷得太紧，会怎样？"

"弹出的音调不好听，而且琴弦容易绷断。"

"如果太松呢？"

"那根本发不出声音来。"

佛陀以此比喻开导他："守笼那，修行和弹琴是一样的，琴弦不能太紧，也不能太松，唯有松紧适度，才能奏出美妙的音乐。修行也要不离正道，才能有所领悟。"

守笼那听了佛陀讲解的《中道》的道理，欢喜赞叹，信受奉行，从此舍弃了偏激的修行方法。

佛陀有一天来到摩竭陀国的南山一苇村乞食。那里的村民，个个都勤劳朴实，日出而作，日落而息。

有个村民对佛陀说："我们终年辛苦，才勉强温饱，而你们这些沙门，不耕不种，让别人布施衣食，太不公平了！"

佛陀微笑着对他说："你说我们不耕不种，难道你没看见我们每天清晨起来就辛勤播种、耕作吗？"

"你们也播种、耕作？我怎么没看见你们的牛、犁和播下的种子？"

佛陀慈祥地向他解释："我播下的种子是信，智慧是我的伞，我是田间清除杂草、精进永不停息的牛。我耕作的是灵魂的心田，播下的是幸福的种子，虽然未收获米麦，但我辛苦而无怨。"

村民听后，不觉生起了敬仰之心，赶忙取出上好的饮食布施给佛陀。

一次佛陀的弟子阿难在乞食回来的路上很口渴，他看见路旁有位年轻女子在井边汲水她的一身打扮表明她是贱族首陀罗，阿难走过去，想讨碗水喝。姑娘因自己身份低贱，不敢递给他。阿难向她表示，自己是出家的沙门，心中无贵贱之分，大家一律平等。姑娘听后很高兴，双手把水递上，阿难喝完后，点头微笑，一再称谢而去。

这位姑娘受宠若惊，她望着逐渐远去的阿难的背影，忽然心生爱意，然后若有所失地神魂飘荡起来。从此以后，她精神恍惚，终日忧郁沉思，经母亲再三询问，才得知原委，原来姑娘爱上了阿难。

一次，阿难托钵乞食，经过姑娘家门前，姑娘殷勤地请他进去接受供养。阿难一时犹豫不决，但禁不住母女二人的热情邀请，身不由己地走了进去。姑娘岂能放过机会？她对阿难温柔有加，阿难差点没有把持住。但是他仿佛受到佛陀光明的启示，蓦然惊觉，立刻摆脱姑娘的纠缠，夺门而出，一口气逃回了只园精舍。

多情少女一旦动了真情，便很难自拔，何况阿难年轻英俊、风度潇洒。姑娘每天守在只园精舍附近，只要见阿难出来，便紧跟上去，纠缠不休。阿难为此苦恼不已，只好跪在佛陀跟前，坦承一切，请求开示。

佛陀慈祥地对他说："阿难，这都是你平时只重多闻，不重戒行，一旦声色的境界逼来，便无力抗拒。你去把她叫来，我来为你解决问题。"

阿难奉命走出只园精舍，对她说："我的老师要见你一面，跟你谈谈，老师会为我做主的。"

姑娘听到佛陀能为他们做主，高兴万分，便跟在阿难后面，来到了佛陀座前。

佛陀对她说："你想和阿难成婚吗？"

"是的。"姑娘毫不犹豫地回道。

"男女的婚姻之事，需经过父母许可，你知道吗？"

"我的父母完全同意，我的母亲见过阿难，她老人家很满意。”

“好吧，既然你一心想与阿难成婚，那我成全你们。不过，阿难已是沙门比丘，你如想嫁给他，也必须出家一次。你要精进地修行，等你的道心能与阿难相比的时候，我再为你们举行结婚大典。”

姑娘满心喜悦地接受了剃度，热心地听佛说教，精进修行，不敢懈怠。

自从听闻佛法后，姑娘的心渐渐平静下来，明白自己过去执著爱情的行为实在可耻。佛陀常常宣说五欲是众苦之源，飞蛾投火和春蚕作茧自缚都是因为无知和愚痴。只有去除五欲，内心才能清净，生活才能宁静。她体会到自己迷恋阿难，是不善不净的思想。

一天，她终于来到佛陀座前，跪下来流泪忏悔着说：“我已从愚痴中醒悟过来，我所修证的圣果也许已经超过了阿难比丘。佛陀为了度化愚昧的众生，真是费尽苦心，恳求佛陀慈悲怜悯，准许我忏悔，我愿生生世世服从佛陀的教化，做一个真理的使者。”

首陀罗姑娘皈依悟道，在僧团中成为一段佳话。但是在当时的印度社会却得不到绝大多数人的谅解，他们无法理解佛陀为什么让一个首陀罗族的下贱女子加入圣人的集团。但佛陀却心平气和不予置辩。佛陀心中既无重男轻女，也无贤愚贵贱之分。当初佛陀成道时，就曾发出四姓平等的宣言，佛陀是有正思正行，不怕人误解的大觉者。

首陀罗姑娘最后终于证得四圣果中最高的阿罗汉果，这让众比丘见到她，反而心生惭愧，社会上的批评非难也烟消云散了。

佛陀沿恒河从俱萨罗国到了摩竭陀国的罗阅只城。城内有位富家公子，每天清晨起来便走到郊外，弄湿自己的衣服、头发，然后恭敬地先向东方，接着向南、西、北方以及上方、下方礼拜。

一天，佛陀无意间看到了，便慈悲关切地问他："你为什么一清早就出城把衣服、头发都弄湿，还向东、西、南、北、上、下方礼拜？你叫什么名字？"

那位公子望着佛陀，惊奇地说："您就是佛陀吗？我早就听说过了，只是无缘听闻佛法。我叫浸迦罗迦，又名善生，我是遵照先父的遗言这么做的。"

佛陀对善生说："你礼拜的六方，只不过是个名称，在宇宙虚空中，哪有东、西、南、北的方向呢？我的圣贤法中也礼拜六方，但不是你所拜的六方。"

善生说："佛陀，什么是圣贤法中的六方？恳请佛陀指教。"

佛陀慈悲地向善生说教道："善生，我知道你心意诚恳，很高兴为你说教，你要以忘'我'的心来思考我的教法。"

佛陀对善生的说教大体如下：

做人必须先知道四种结业：

1. 杀生是残忍的恶习。

2. 盗窃是损人的行为。

3. 邪淫是痛苦的根源。

4. 妄言是虚伪的欺骗。

有六种损财造业的事，也千万不要做：

1. 沉溺于饮酒。

2. 喜好赌博。

3. 悠闲放荡。

4. 迷于歌舞。

5. 爱交恶友。

6. 懈怠懒惰。

沉溺饮酒损失钱财，影响健康，喜好争斗，恶名远扬，行为粗暴，日损智慧。

喜欢赌博的人，损耗财产，亲人疏离，生盗窃之心。

悠闲放荡的人，对自身和财物都不利，而且不利于子孙，

迷恋歌舞的人，并不知歌舞在何处，音乐在何处。

爱交恶友的人，对家人或财物不利，喜欢欺负别人。

懈怠懒惰的人，一般不务正业，贪图美食，终日妄想，被人轻视，事业无成。

有四种人要慎做朋友，就是那种表面上是知心密友，实际上却会让你受害的冤家：

1. 因贪欲而假装服从你的人。因为畏惧，或者为了利益与你交朋友。

2. 因为有所求而说话好听的人。这种人不管你的行为好坏，都会顺从你，但是当你有难的时候，他则远离，避之唯恐不及。

3. 为了谄谀而尊敬、顺从的人。一味地谄媚，从不劝谏。有利可图，便趋承逢迎，有义无利的事他从来不做。

4. 为了享乐而交友的人。只是吃喝玩乐的酒肉朋友。

这四种恶友，你必须远离，否则便会堕落。

有四种可亲的益友：

1. 为人正直，见你做坏事，会加以劝止。

2. 当你遭遇不幸时会悲悯同情，给予援助；你有喜事，则替你高兴。从不幸灾乐祸，揭人私隐，或说长论短，搬弄是非。

3. 乐于助人，这种朋友能让你不放纵，而且常常会向你进忠言，使你获益匪浅。

4. 苦乐不相弃，这种朋友能与你同甘共苦，当你遭遇极大困难或不幸时，他不会舍你而去，而愿意全力相助。

要交这样的益友，你需要用聪明的智慧去识别你周遭的朋友。

善生听了佛陀的法语，好像盲人见了光明，他五体投地地向佛陀顶礼，又请示了拜六方的问题。佛陀知他求法心诚，便徐徐向他阐述道：

在我的圣贤法中，亦当礼敬六方，那就是：

父母为东方，师长为南方，夫妻为西方，亲朋为北方，有德行的人为上方，童仆为下方。

善生！为人子要供养自己的父母，恭顺，立宗祠、守遗产，父母死后要布施。而父母应该教育子女为善，督促他们精进学问，慎择婚嫁对象，帮助他们成就事业。

弟子敬奉师长，要有礼貌、供养、尊敬、受教，不忘老师教化之恩。老师对弟子要以爱教导，教弟子增长知识的方法与做人的道理。

作为丈夫要敬爱妻子，以礼相待，忠贞不二；供应妻子的衣食，对妻子体贴；委托家事，听妻子主张。而妻子要尊敬丈夫，勤俭持家；对丈夫的家人要态度温和，言语温柔；听从丈夫的意见。

对宗族亲友，如若有缺乏，要布施接济；以礼相待；利益要均分；有困难，彼此要相助；诚实以待，不可欺骗。宗族亲友间要相互勉励，不任其放纵。

敬奉上方的沙门，要常常行善，不能杀盗；不说妄语，不贪不瞋。沙门也要教导人们多做好事，不可为恶，多施法益、得救之道。

主人对待下方的童仆，差遣但不能过分；要供应饮食；劳动时，要允许休息；病了要找医生医治；有多余的财物，要经常送给他们一些。为人童仆也要勤劳正直，尽职尽责。

善生！你礼拜的六方是一种愚昧的行为，要礼拜我前面所说的六方，才能使行为端正，心离愚痴。必须要多行慈、悲、喜、舍而发四无量心；多作布施、爱语，利行、同事而行四摄法，才是真正的孝养之心。

善生聆受开示，欣喜异常，当即便皈依佛陀做了三宝（佛家以佛、法、僧为三宝）的信徒。

受人陷害

佛陀是信奉他的人的救主，是邪魔外道的克星，正法一直在和邪魔作战。没有黑暗显不出光明，没有罪恶不知道美善。

当时印度高贵的婆罗门种姓对佛陀的僧团有所谴责。他们认为婆罗门才是第一尊贵的人种，不理解人们为何舍去清净的人种加入佛陀的教团。

对此，佛陀的解释是：在印度，种族上有婆罗门、刹帝利、吠舍、首陀罗等四个阶级，职业上有政治、宗教、商业、劳工等分类，但是人们说人种有优劣之分，那是绝对错误的！

因为无论是哪一种族，都有犯过杀生、盗窃、邪淫、恶口、妄语、嫉妒、贪欲、瞋恚、愚痴、邪见的人。犯了恶业就有恶报，这是不分阶级的。假如婆罗门中从来没有犯过此恶业的人，把他们列为第一人种倒还说得过去，但是，事实并非如此。作恶因，得恶果，婆罗门种姓也不能例外。

当时，舍卫城的婆罗门和其他外道眼见佛陀的僧团日渐扩展，佛陀四姓平等的主张犹如万道金光，照得邪魔外道胆战心惊，他们想尽办法想要破坏和中伤佛陀。

他们买通一名叫战遮的少女，让她跟随信众去只园精舍听佛说法。一日，她穿着艳丽，并偷偷地在只园附近外道修行的地方躲了一夜。第二天早晨，她故意从只园精舍的方向走来，一一向信众们打招呼，并且谎称自己昨晚住在只园精舍的香殿中。

过了七八个月，战遮把一个小木盆绑在肚子上，假装怀孕。在众人前往只园精舍听法时，她突然站起来，指着肚子责问佛陀为何始乱终弃。

全场听众顿时大惊失色地看着佛陀，但见佛陀闭目端坐，威严不动。就在这时候，战遮绑在肚子上的木盆忽然扑通一声掉到了地上，她见毒计败露，赶忙抱头鼠窜。

尽管如此，他们还不甘心，又买通了一个叫孙驮利的少女，让她经常去只园精舍听道。她早晚进出很勤，很多人都认识她。然后，他们重金雇了几名暴徒，在一个月黑风高的夜晚，在只园精舍附近的道路上把孙驮利杀害了，然后把尸体草草掩埋，第二天便向官厅报告孙驮利失踪的消息。一番搜查后，在只园精舍附近找到了尸体，于是他们便到处扬言，诬指只园精舍的人和孙驮利有着不可告人的行为。

波斯匿王是信奉佛法的人，他不敢怀疑僧团的不净，立即下令缉凶，限期破案。

谁知那几个行凶的暴徒领到重赏后，便到酒馆去大吃大喝，因为赏金分配不均而发生了口角，最后竟打起来了，所以当场就被抓住，审讯后才知道原来是外道主使。波斯匿王大为震怒，下令逮捕外道门徒，处以教唆杀人罪。这事才算是真相大白，就如佛陀所说——善恶因果，如影随形。

教徒叛变

佛陀在灵鹫山宣讲《妙法莲华经》时，仅王舍城的听众就有12000名比丘，比丘尼及其眷属6000人，此外还有国王、大臣、学者、平民等，人数很多。

佛陀证得正觉后，不管任何人都能皈依。在他的众多弟子中，形形色色的人都有，但是佛陀慈悲，弟子只要能真心求道，佛陀便不会舍弃他。虽说佛陀不愿舍弃任何人，但中途堕落变志的弟子却也难免，提婆达多就是一个例子。

提婆达多是白饭王的长子，阿难的哥哥，当初七个王子一同出家，他便是其中之一。提婆达多的领导欲望很强，他虽出家但不能从净化身心做起，他沽名钓誉、显异惑众。为此他经常受到佛陀训斥，佛陀曾委婉劝他还俗，他不但不听，还对佛陀怀恨在心。后来他的野心越来越大，甚至想驱走佛陀，由他来领导众弟子。

他要佛陀教他神通，佛陀教育他要先从人格修养上下工夫，神通与德行毫无关联，便拒绝了他的要求。后来他转而向舍利弗、目犍连等请求，同样被拒绝了。提婆达多不死心，最后终于跟阿难学会了神通，他自忖："佛陀是太子，我也是王子。他有神通，天上人间，来去自如，我为什么不施展一下？"

他已野心毕露，他知道频毗娑罗王是佛陀忠诚的弟子，对他无从下手，只好去诱惑他的太子阿阇世。阿阇世太子被诱惑，果然皈依了提婆达多，还为他在王舍城附近建造了富丽堂皇的僧院。没过多久，提婆达多居然收了五百多名弟子，他大言不惭地说，佛陀已一天天衰老，僧团中有很多地方需要大力改革，否则前途无望，只有他才能继起领导。佛陀的弟子中有许多被他的花言巧语所骗，偷偷潜逃到他的门下，从此他的势力便日渐壮大起来。

提婆达多虽然声势一天天壮大，但是他内心对佛陀的威德还是很畏惧的，于是便生起了杀害佛陀的心。他用金钱收买了几个恶汉，企图行刺佛陀。但是几名恶汉手持利刃欲行刺佛陀时，被佛陀的相好给震慑住了，他们被佛陀的精神力征服，立刻丢下凶刀，闭目合掌跪伏在佛陀座前，并恳切请求皈依佛陀。

尽管如此，提婆达多还不死心，他又寻找机会加害佛陀，佛陀都安然无恙地躲过去了。作为弟弟的阿难为此很惭愧，佛陀则安慰他说："阿难，暴力或阴谋是伤害不了我的，各人造业各人承当，你不要难过。"

有一次，佛陀和阿难在路上和提婆达多一行相遇，佛陀赶忙闪避到一旁，让提婆达多一行先过去。阿难对此很不满地问佛陀："他本是佛陀的弟子，应该他先让路才对，佛陀为什么要给他让呢？我真不懂！"

佛陀安慰他说："阿难，我是不想跟这种邪愚的人见面，并不是怕他。我们最好不要和他在一起，避免与他争论。他现在就像一条恶犬，越惹它就越狂暴，避着它，才会减少麻烦。"

提婆达多对佛陀的宽大容忍，不但不知悔悟，反而更加处心积虑地想要陷害佛陀。他知道，如果频毗娑罗王在位，他的阴谋就无法实现，于是便怂恿阿阇世太子篡位。阿阇世居然听信了他的话，把父王拘禁起来，自己登上了王位，提婆达多则做了国师。虽然有很多人不服，但也无可奈何。

频毗娑罗王被儿子囚禁起来，他因受佛陀度化，并不十分看重王位与权利。频毗娑罗王叫狱卒向太子传话，表示自己愿意放弃王位，只求恢复自由到佛陀座前做一个沙门。但是提婆达多挑拨阿阇世太子说："如果你的父亲存在一天，你就休想平安地坐上王位，因为所有的百姓都很拥戴他、信赖他，如果你想要做国王，就必须先除掉他。佛陀方面，则由我来下手。"

阿阇世太子听信了他的怂恿，索性一不做二不休，下定决心要把父亲杀了。

提婆达多准备了一头狂象，在佛陀去王舍城托钵乞食的路上，他把大象放出来。大象直奔佛陀而来，阿难见此情况，急忙保护佛陀，躲过了劫难。

阿阇世太子的母亲韦提希找到儿子把其责骂一顿，但是他不但不知羞惭，还恶狠狠地对母亲说了想要杀掉父王，自己统治国家的野心，并表示母亲如不听他命令，就把母亲也一起关起来。

太后没想到自己的儿子竟变得如此没有理性，狂暴忤逆到了步田地，她心如刀绞，泪流满面地请求与丈夫见一面。

太子答应了母亲的要求，但是不准她带东西给频婆娑罗王吃，他要把频毗娑罗王活活饿死。太后为生了如此一个禽兽不如的逆子痛心到了极点，她想着饥饿难忍的丈夫，便回宫用香汤沐浴，做好了与丈夫一起死的准备。

频毗娑罗王因为受佛陀度化，见到悲戚流泪的妻子，反而安慰她："不必难过，这一切都是因缘注定。回想佛陀的言教，真让人佩服得五体投地，现在我已有所觉悟，我要努力达到无念无想的境界，没有我执，也没有贪爱怨恨。现在正是忏悔过去罪业的机会，我没什么害怕的，你不要牵挂我，能在这种安静、平和的心情下死去，实在是一件幸福的事。

"提婆达多想伤害佛陀，阿阇世企图杀害我，我死后如何得救还不知道。但佛陀不会辜负我们的虔诚与信仰的，佛陀会指示我们的归宿，我们将来会有一个安稳的去处，你放心好了。"

韦提希太后听了这席话，心情平静多了，她含泪说："你能想得开，我也就安心多了！我真希望佛陀能再为我们说一次法。"

这时，佛陀领着阿难和目犍连果然出现在他们面前。频毗娑罗王和韦提希惊喜地俯伏下去，悲切地对佛陀说："慈悲的佛陀，不知我们生前到底犯了什么罪，竟生下了如此不孝的逆子？我们现在已经知道这个世界是五浊恶世，恶鬼、畜生充满其中，太多不善相聚一起。还有没有一个清净的世界？在那里听不见恶声，看不到恶人，好多善人都相聚在一起。"

佛陀慈祥地微笑着告诉他们："我了解你们的心愿，我告诉你们未来一切众生都有一个最后的归宿，在西方有个极乐世界，救主阿弥陀佛现时正在说法。修学要成就净业，当修学三顺：第一是孝养父母、奉事师长、慈心不杀、修十善业。第二是受持三皈、具足众戒、不犯威仪、身心清净。第三是发菩提心、深信因果、读诵大乘、劝进行者。你们如果照我所说的具备信、愿、行三个条件，那未来就能获得更大的幸福和快乐。"佛陀说完后，领着目犍连和阿难默默点头告退。不久，频毗娑罗王就平和地去世了。

提婆达多见除去了一个心腹大患，自己便去和佛陀摊牌了。他让佛陀隐退，佛陀没有理他，他便威胁佛陀，佛陀依然平静如常。

佛陀原本规定他的僧团中，身体衰弱或有病的人可以吃鱼吃肉，以此为弱点，提婆达多向外发出了五法宣言：

第一，穿衲衣。第二，每日一食。第三，不吃荤腥。第四，不受招待。第五，安住草庵。他以此向佛陀进行挑衅。对此佛陀丝毫不感意外，以极为平和的语气回道："你的想法很好，你自己要率先遵守奉行，而不是强制大家都这么做。僧团中有身体羸弱的人，你不接受别人的好意，就想着用这种阴谋破坏僧团，把非常时期的做法说成是常行法，你是何居心？"

提婆达多的心腹弟子俱迦利在一旁插话，说佛陀嫉妒自己的弟子，他应该把僧团交给提婆达多领导。

佛陀徐徐回答："愚痴的人！我怎会有嫉妒之心？你们蓄意诽谤佛陀和僧团，果报到时，还是你们自己承受，我很怜悯你们。我允许穿粗布衲衣，但是在家信众的供养，衣衫穿得庄严一点，并不是什么罪恶。我也行乞食法，但是我允许在家信众的请求供养，这样可以让他们多种些福田。日食一餐，我同意，但有身体衰弱、需要调养的人，每天吃两三顿饭，只要不是过分贪求食欲，并不能说是非法。修行者露地住宿，我赞成。但是为了方便僧团的集体生活，居住精舍讲堂，也是很自然的事。我曾说过，不能吃见到杀、听到杀、为己杀的三种不净肉，但在不得已的情况下，可以吃三净肉。

"以上几点本不是什么大问题，是你们想得太严重了。如果做不到你们所说的五点就进不了涅槃，这是错误的观念，这反而会妨碍你们的进修。"

提婆达多的奸计没有得逞，他满怀瞋怒地带领他的弟子离去了。后来有人传说他失踪了，也有人说因为他犯了五逆（佛家语，即害父、害母、害阿罗汉、害破僧、出佛身血称之五逆）重罪，招到的果报是身堕地狱。地狱之苦，绵绵无尽，提婆达多也算是自作自受！

恶人皈依

提婆达多灭亡后，阿阇世王对自己过去的作为也有了悔意。一天晚上，他梦见父亲慈祥地嘱咐他要早日悔悟，走上光明正道。醒来后，他痛悔前非，泪流满面，但却不知道怎么做才好，内心彷徨苦闷，忧形于色。母亲看在眼里，于心不忍，追问之下，阿阇世王把弑父的罪行造成的痛苦向母后坦承，并表示了忏悔之意。

太后又悲又喜，对他说："你很小的时候，身上生疮，疼痛难耐，日夜啼哭，父王因为你身上生疮的地方脓汁不易排出，又不敢用力挤，就用嘴吸。想想看，除了父母，谁会做这种事？父王的恩德，你不报答，反而犯下如此大错！父王生前皈依了佛陀，所以死的时候很平静。如今他在冥冥之中仍然对你垂爱关切，希望你早日悔悟，你不要辜负他的一片心意啊！你最好去佛陀那里忏悔，求佛陀垂怜度你，别再犹豫了。"

阿阇世王听了母亲的讲述，泪流不止。心想，自己罪孽深重，哪有脸去见佛陀？长久的郁闷最终让他病倒了，这是心病，吃药根本没有效果。也有一些诡谀的臣属，想用邪教的道理，说他是为了改革国政而篡位的并无罪过的歪理安慰他，这反而更增加了他的愧疚与痛苦。

但是有一位耿直的臣属劝谏他说："大王不要过分悲伤，心病还要心药医，现在只有佛陀能救大王。他是无上的医王，他是无边无岸的大海，能容纳百川众流，大王的苦，是从心生起。如果您即刻去拜见佛陀，佛陀一定会慈悲接纳的。"

"我知道佛陀不念旧恶，但是我没脸去见他呀！"

"大王临终前曾表示可原谅您，先王是佛陀的弟子，他能如此仁慈宽容，何况众德圆满大悲普济的佛陀呢？我听佛陀说，人如果造了恶业，心怀惭愧之心，在三宝前至诚忏悔，就可消除罪过，减轻业障。大王既已深感悔悟，这便是新生的开始。佛陀还说，有智慧的人不敢造业，即使不慎造业，事后也会悔悟；只有那愚痴的人，不但造业不改，还蓄意掩饰。佛陀常告诫我们要深信因果，世界上不可救的只有阐提（就是指无善根不能成佛的人）。大王如果愿意到佛陀座前告白忏悔，表明不敢再犯，佛陀的慈光，一定会庇佑您的。"

阿阇世王这才鼓起勇气，让臣属选定一个吉日良辰，去佛陀座前忏悔。

这位臣属又说："佛陀的教法中，没有这种迷信，佛陀经常告诫弟子，不准卜卦占吉凶。修学正法，一切依正法而行，任何时候都是吉日良辰，请大王即刻起驾。"

于是，阿阇世王轻车简从，怀着一颗惴惴不安而又深感惶惑的心前往拜见佛陀。

佛陀端坐在狮子座上，四周环绕着的弟子都在默默坐禅。

阿阇世王跣足入堂，徐徐走向佛前，合掌顶礼说："佛陀，请明察我的心。"

佛陀微睁双目，慈爱地说："你来得正好，我已等待你好久了。"

阿阇世王无比惭愧，又十分感激地说："佛陀，我是个罪孽深重的人，佛陀竟如此慈祥地待我，现在我知道了，佛陀的大悲普及一切，佛陀便是众生的慈父。我犯下了滔天大罪，如今身心痛苦，比遭受凌迟碎剐还要难受，恳求佛陀慈悲救度。"

佛陀平静地对他说："世上有两种人能够得到快乐、幸福的果报：一是修善不造业的人；一是造业知道忏悔的人。现在，你已悔悟，我法门广大无边，你能时时忏悔便好了，罪业也是空幻而没有本体的，如果把心意忘掉，罪业也就消灭了。了解心和罪本是空幻不实，这便是真正的忏悔。

"今后你要以法治民，以德服民，多行仁政，不可暴戾，那样美名自然远播，受人爱戴。你行善安心，便能获得快乐。

人孰无过？知过能改就好。你要在我的法门中学无为的法，证无为的果，就必能解脱得度。"

阿阇世王被佛陀开示一番，心中乌云消散，现出了朗明晴空，对新生命充满了希望和信心，他感激涕零地顶礼而退。

祖国被灭

娑婆世界永远是善与恶、光明与黑暗斗争的世界。佛陀早预知到自己祖国的命运，但生在人间的佛陀，仍然爱自己的祖国，佛陀祖国灭亡的过程是这样的：

波斯匿王还没有皈依佛陀之前，曾向释迦族求婚，释迦族不愿把本族女子嫁给他族，但又因害怕拘萨罗国的强大而不敢拒绝。当时的摩诃那摩（后来继净饭王接掌国政）想到一个妙计，谎称自己长得很美丽的婢女是他的女儿，便把她嫁过去了。

就这样，婢女成了波斯匿王的宠妃，人人都夸她是第一美人。佛陀知道这件事后，深为忧虑。欺骗终会带来灾难，这是世间一切事物的准则。

不久，王妃生了一个男孩，叫琉璃太子。琉璃太子八岁时，奉父王之命来到迦毗罗卫国学习射箭技术。那时，正是佛陀被迎回国说法前夕，迦毗罗卫国特地新建了一座讲堂供佛陀说法，这座讲堂被视为神圣庄严的所在，不许闲杂人等进出。

八岁的琉璃太子一时好奇走了进去，被释迦族人见到，他们认为奴婢的孩子亵渎了圣地，便命人把琉璃太子踩过的地方挖掘七尺，重换净土。

琉璃太子虽是八岁孩童，但也知道这是莫大的侮辱。太子咬牙切齿地发誓，等自己登上王位，一定要消灭迦毗罗卫国，消灭释迦族。

琉璃终于长大成人，没有等父王让位便篡夺了王位。他积极准备，一心想要讨伐迦毗罗卫国。佛陀知道共业的果报机缘即将成熟，但为了自己的祖国，他只有尽力而为。佛陀独自在琉璃王军队必经的道路旁等待，等琉璃王率领大军，浩浩荡荡地开来。虽然琉璃王对释迦族的人切齿痛恨，但面对人人尊敬的佛陀，他还是下了马。佛陀告诫他不要在亲族之间自相残杀，虽然琉璃王暴戾，但听了佛陀的比喻，也受到感动，便暂时收兵回国了。

佛陀看琉璃王率军返国，慢慢地站起身。但他没有高兴，因为他知道因果循环是宇宙间的自然法则。

琉璃王回国后，仍不甘心，又再率军来犯，半途中又遇见佛陀。如此三次，第四次出兵时，佛陀知道释迦族的共业果报终难避免，无法挽回，虽然对祖国人民不知忏悔觉悟深感惋惜、同情，但也爱莫能助。

目犍连是佛陀弟子中小具神通的人，他想要挽救释迦族的厄运，佛陀告诉他，宿世罪业的果报是无人能够代替的。

但是，目犍连助人心切，还是想用神通营救他们，他拿钵盛装五百个释迦族人从天空中出来，出城一看，五百人全都化为血水，这时他才觉悟到佛陀所说的因果报应的法则是无法违背的。

琉璃王的大军把迦毗罗卫国团团包围住。兵粮短缺，无力抵抗，于是摩诃那摩王下令开城投降，他对琉璃王说："你我两国是属姻亲，在名义上我还算是你的外祖父，我实在不想看无辜的人民被杀，我请求你答应我一件事。"

"什么事？你说说看。"琉璃王盛气凌人。

"你要杀释迦族人泄愤，但是城里几万百姓是不能一下子杀完的。我请求你让我潜到水底，在我升出水面以前，你允许城里的百姓逃命。等我升出水面后，没有来得及逃的，就任凭你杀戮，如何？"

年轻的琉璃王认为这个办法很有趣，便不假思索地答应了。摩诃那摩潜入水中时，琉璃王便下令允许城内的百姓逃离。一时间，城里的人扶老携幼，仓皇逃跑，哭泣号喊，那种情景惨不忍睹，残暴的琉璃王居然以此为乐。等城里几万百姓已逃得没剩几个人时，琉璃王才发现时间已过了这么久，摩诃那摩还没浮出水面。他命人潜水下去查看，潜水的人上来后禀告："摩诃那摩王把自己的头发缠在了树根上，他永远不会浮上来了！"

摩诃那摩为拯救族人牺牲了自己，连生性凶残的琉璃王也为之感叹许久。

琉璃王占领了迦毗罗卫国，后来还谋害了他的长兄只陀太子。最后，他还是不可避免地受到了业报，他乘坐的船只遇到暴风雨，他与爱妃被淹死了。

后来，迦毗罗卫国和俱萨罗国的国土都归入了摩竭陀国的版图。摩竭陀国的国君阿阇世王自从皈依佛陀后，确实在施行仁政，对百姓也很爱护。

十大弟子

现在我们就来介绍一下佛陀的十大比丘弟子。佛陀的弟子，在家的优婆塞、优婆夷多得不可数计，出家的弟子，证得阿罗汉果的常随众的比丘就有一千二百多人，还有许多分散各地和后来出家证果的没有计算在内。众多弟子中，最突出而各具专长、各有各的成就的，有以下十大比丘弟子：

智慧第一——舍利弗。

舍利弗本名优波室沙，有稀世的智慧和学问。佛陀很信任他，曾经让他做年幼的罗睺罗的老师。建立只园精舍时，他奉命前往督工。佛陀的法驾尚未到达舍卫城时，他便先把外道折服，让他们等候皈依佛陀。

据说舍利弗的母亲怀着他的时候，突然变得智慧过人。当时舍利弗的母舅摩诃俱缔罗是婆罗门教中最负盛名的雄辩家，但是他居然辩不过舍利弗的母亲。因此他们兄妹二人都认为腹中的孩子，将来一定是个不寻常的人物。

后来他的母舅见他皈依了佛陀，明白这个聪颖超群的年轻人如果不是遇到了大觉完人，是不会轻易折服，拜那人为师的。所以他的母舅也毅然舍去迷妄，皈依到佛陀座下。

有一次，佛陀从巴连弗城渡过恒河，来到毗舍离城附近竹芳村的树林里，向大家宣布，他三个月后便要进入涅槃，大家听了这个消息，如同山崩地裂，末日来临。这三个月中，佛陀分别到只园精舍、竹林精舍、重阁讲堂、瞿师多精舍、鹿母讲堂等处巡回一次，希望在涅槃以前与大家再见一次面，讲一些话。

舍利弗在禅定中自忖："过去诸佛的上首（佛说法时，在听众中推居首位的人）弟子，都在佛陀之前进入涅槃，现在佛陀涅槃之期近了，我应该先佛陀进入涅槃。"舍利弗心中有了这样的决定，便马上请示佛陀，允许他先行进入涅槃。

佛陀注视舍利弗良久，开口问道："舍利弗，你为什么要这么快进入涅槃？"

"佛陀曾告诉我们，过去诸佛的上首弟子都先于佛陀进入涅槃，我想现在正是我进入涅槃的时候，所以恳求佛陀慈悲允许。"舍利弗无限伤感地回答。

佛陀又问："你想在什么地方涅槃？"

"我的故乡是迦罗臂拏迦村，我的百岁老母依然健在，我想与她老人家再见一面，就在我出生的房间里涅槃。"

"那就随你的意愿好了，希望你离开前能跟大家说几句话。"

阿难奉佛陀之命，集合比丘大众前来送别。舍利弗恭恭敬敬地对佛陀说："佛陀，我从过去一直盼望能出生在佛陀住世的时代，如今终于如愿以偿，没有比这个更值得欣喜庆幸的了！几十年来，蒙佛陀慈悲教导，让愚痴的我睁开慧眼，获证圣果，千言万语道不尽我心中的喜悦与感激。现在我即将舍弃人世间的束缚，进入自由自在的境界。慈悲的佛陀，请接受我的顶礼。"

全场鸦雀无声，气氛十分严肃。舍利弗顶礼躬身而退，佛陀端坐不动，默默点头不语，目送舍利弗离去。

众比丘跟随在舍利弗身后，缓缓送行。走了一段路，舍利弗停下来对大家说："各位请留步。希望各位继续努力精进修行，不要蹉跎岁月，辜负了大好时光。因为佛陀在世间出现是很难得的，如同优昙婆罗花的开放，几千万万年才能遇到一次。我们有幸听闻佛陀正法，更是千百万亿人中稀有的机缘，须知诸行无常，必须战胜此苦，进入无我的涅槃的境地。那里是一个寂静、安乐的世界，是我们永远的归宿。"

有位比丘哽咽着问："您是佛陀的首座弟子，是我们的长老，我们今后需要您的地方还很多，您为什么要这么早进入涅槃？"

舍利弗安慰道："佛陀不是常告诉我们，世间无常，请大家不要悲伤吗？须弥山有崩坏的时候，大海也有干涸的一日，我只是渺小如一粒芥子，色身的死亡是世间实相。今后世世代代，只要众生想灭苦求乐，自然会延续佛陀的慧命，从事教法救世的工作。大家要一心修道，便能脱离苦海走向极乐清凉的世界。切记，切记。"

舍利弗回到家乡，把自己即将涅槃的消息告诉了母亲，母亲虽然不舍，但是也没有办法。后来全村人得知了这个消息，都要求听舍利弗最后一次说法。说法那天早上，天色微明，广场上就聚满了乡亲故旧。不一会儿，舍利弗安详地走出来向大家点头招呼，接着说道："我这次回乡，本来也想与各位见一面。我追随佛陀四十多年，接受佛陀的教示，并到各地去弘法，我那被世人称誉的智慧对深奥精微的佛法仍未完全了解，佛法深广有如无垠的大海。承蒙佛陀慈悲教示，我切实遵照实行，精进不懈，最终获得了正觉。我已没有'我执'，即将进入寂静的涅槃境界，我愿跟随佛陀，永远不生不死，长住宇宙之间，现在我就向各位告别了。"

舍利弗涅槃后第七天，将遗体荼毗（意译为火葬），沙弥均头把遗骨带回了竹林精舍，由阿难转交给了佛陀。

神通第一——目犍连。

目犍连本名叫拘律陀，他和舍利弗同是婆罗门的种姓，一同师承当时的学术权威删阇耶，后来听闻佛法便带着100名弟子和舍利弗同时皈依了佛陀。目犍连是佛陀弟子中的激进派，如果推动佛法遇到阻力，他总是反对妥协忍让。他有神通，与外道辟法时总是百战百胜。但是佛陀却经常喝斥自恃神通的弟子们，因为神通并非根本之法。

关于目犍连的神通，传说他有顺风耳、千里眼，还能知道别人心中的念头。一次，目犍连走过一座园林，遇见一个虽近中年，但美丽无双的女人。她本心善良，但因不幸的遭遇，便抱着游戏人间、玩世不恭的人生态度。

目犍连一眼便看出了她的想法，因为她受外道煽动，企图用美色诱惑目犍连，破坏他的戒行。目犍连停下来，规劝她："我知道你曾遇到过极大的不幸，你为什么不为自己的不幸烦恼，反倒如此打扮来诱惑人？你自认为自己很美、很动人，但在我看来，你的身体污秽不堪，心地丑陋无比。你只知道涂脂抹粉修饰外表，自以为娇美动人，却忽视了身体的不干净。即使这样，你还自恃貌美，得意扬扬。看你在泥沼中愈陷愈深，我实在可怜你！"

该女子从没有被人说得如此透彻，惊奇之余深感羞愧。她向目犍连忏悔道："听尊者的一番话，让我自惭形秽，但我已无法自拔，想必是不能得救了！"

目犍连以怜悯和同情的口吻安慰她："一个人只要愿意痛改前非，就没有不可救的，你千万不要自暴自弃。污秽的身体可以用水洗，心地不净可以靠佛法洗涤。佛法浩瀚如大海，可容纳百川，不管河川的水是否洁净，它都一律包容。大圣佛陀的教示能够洗净人类污浊的心灵，即使罪业深重的人也能悟道得救。"

目犍连知道她行为上虽然堕落，但心地善良，便带她来见佛陀，后来她做了佛陀的弟子，在女众弟子的僧团中，成了模范的比丘尼。在比丘尼中，她变成了后来神通第一的莲华色女。

还有传说说目犍连曾亲入地狱救了自己的母亲。目犍连对佛法的推广，贡献最大，佛陀的教法能在短期内遍及全印度，他是功不可没的。也因此，有很多异教徒一心想要加害他。

一次，目犍连在弘法途中经过伊私阇梨山，他在山中静坐时，碰到了外道人。他们纠集了很多人，从山上扔下巨石，把目犍连无常的肉身打成了肉酱。目犍连为了传播佛法的种子，给后世做了为法牺牲的榜样，他的色身就此与世长辞了。

说法第一——富楼那。

佛陀的众多弟子中，信心坚决、仪态威严、辩才无碍、热心宣扬佛法的人很多，但是富楼那可算做第一。

一次，富楼那向佛陀请求，允许他去输卢那国布教。佛陀知道布教不是一件容易的事，就对他说："感化众生，利己利人，宣扬我的正法，志愿值得嘉许。但是我希望你换个地方，不必到输卢那国去。"

富楼那不知佛陀为什么要他换地方，佛陀对他解释说："输卢那国地处偏僻，交通不便，并且风气闭塞，民性强悍，外地人很容易被害丧命，难道你不怕危险吗？"

富楼那听佛陀这么一说，反而坚定地表示：如此一个偏远小国，没有人去教化他们，为了感谢佛陀的恩惠，他更要去那里宣扬正法，绝不计较个人安危，还请佛陀慈悲允准，让佛陀之光庇佑他去开辟人间净土。

佛陀又问："作为佛陀的弟子，要修行和布教为重。不过，我问你，假如他们不接受教导，恶言相加，你要怎么办？"

"他们如果骂我，我庆幸他们不完全是野蛮人，只是骂骂而已，还没有用棍棒打我。"

"如果他们用拳头、棍棒打你呢？"

"没关系，起码他们还没有用刀刺我。"

"如果他们用刀刺伤你呢？"

"不要紧，这说明他们还有人性，没有残酷地把我打死。"

"如果他们把你打死呢？"

"即便打死我，我还是很感激他们。因为他们杀害的只是我虚幻的色身，能助我进入涅槃，让我用生命来报答佛陀的恩惠。在我来说，这些都没有大碍，遗憾的是这对他们并没有好处。"

佛陀夸赞他："富楼那，你不愧是佛陀的真弟子，修道、布教、忍辱，从事于弘法利生，就必须具备你这样的精神，心境才能平安。布教人的精神和肉体同等重要。精神方面，要对三宝确立永不动摇的信仰；在肉体方面，先有健康的身体。这些条件，你都具备了，我很放心你去输卢那国布教，你这就起程吧。"富楼那欢喜顶礼而退。

后来，他在输卢那国收了500名弟子，建有500个伽蓝（意译众园，就是僧众聚居的园林，后来又称佛寺为伽蓝）。

因此他说法第一的美誉便传开了。

解空第一——须菩提。

传说须菩提出生时，他家出现了不寻常的征兆。后来佛陀在般若会上，能够彻底解悟佛法的，首推须菩提。

一次，大家发现佛陀不在僧团，便四处寻找，但是怎么都找不到。正惊诧间，阿那律用天眼观察后告诉大家，佛陀正在忉利天（译为三十三天。佛经上的说法）为母说法，大约三个月后回来。

转眼三个月过去了，佛陀重回人间，人们都争相迎接。这时，须菩提正在灵鹫山的山洞里缝衣服，他知道佛陀即将重回人间，赶忙放下衣服准备迎接，但是心里忽然转念，又坐下来继续缝衣服。他想：佛陀的法身，可不是凡夫的肉眼能看得见的，我现在赶着去迎接，岂不是把四大（佛家的说法，指地、水、火、风，人身毛发爪齿、皮肉筋骨等归为地；唾涕脓血、津液涎沫、大小便归为水；暖气归火；动转呼吸归风）和合视做佛陀的法身吗？这说明我没有认识到诸法的空性，认识不到诸法的空性，就见不到佛陀的法身。想要见到佛陀，必须先了解五蕴、四大是无常的，所有的一切都是空寂的，森罗万象的诸法是无我的。没有我，也没有人；没有作，也没有所作。一切法本是空寂，法性无处不遍，佛陀的法身也无处不在，我奉行佛陀的教法，就不应该被事相所迷。

佛陀归来时，莲华色比丘尼抢先迎上去，向佛陀顶礼说："佛陀，弟子莲华色第一个前来迎接佛陀圣驾。"

佛陀微笑着对她说："你算不得第一个迎接我的人，须菩提观察诸法的空性，他才是真正接见到我的人。见法的人才能第一个见到佛陀、迎接佛陀。"

论议第一——迦旃廷。

迦旃廷总是能用巧妙的方法、简短的言辞，把问难的人说得心悦诚服，使真理昭显。曾经有个婆罗门修道者问迦旃廷："我想请教尊者一个问题，你看世间纷争迭起，永无止息，这是为什么呀？"

迦旃廷毫不迟疑地答道："全是因为贪欲在作祟。"

"请问沙门与沙门相争，又是为什么？"

"是我见的执著。"

"请问什么人才能够离开贪欲和我见呢？"

"我的老师——佛陀，现住在舍卫城说法。他是无上正等正觉者，没有贪欲烦恼，没有我见的执著，他是人天的师范。"

这位婆罗门的修道者立即发心皈依，作为在家学佛的居士。

头陀第一——大沸伽。

头陀是梵语，凡是修习苦行，解除贪、瞋、痴诸多烦恼的称为头陀。现在把僧人中行脚乞食的称为头陀。

大沸伽常常住在深山丛林里，或者白骨遍野的坟冢间，佛陀念他年迈体衰，曾劝他住进只园精舍，他禀告佛陀："佛陀慈悲，弟子十分感激。但是，如果我住进了只园精舍，就必须要过团体生活，这会影响到我的头陀苦行。只园虽然环境幽美，无论静坐、经行、闻法都合乎理想，但是生活太舒适，不易于修无常、苦、空、无我、不净观等。我身在坟冢间便可长年累月独自一人，或者露天或者树下，经行观尸或者缝补衲衣。如果想乞食行化，就进城去乞食，否则便采些野菜果实充饥，不用为衣食担忧，没人问得失，这样才能清净解脱，自由自在。

"舍利弗、目犍连、富楼那、迦旃延等尊者，他们不惧艰险，不惜牺牲生命弘扬佛法，推动真理的法轮。我没有那种勇气和毅力，但也不敢忘记佛陀的恩德。为报答佛陀，我才更要过头陀的生活。

"僧团中布教的弘法者，是人民的亲教法师，必须要自身健全，才能担当弘法重任。如何让僧团健全，我觉得必须从严肃的生活中培养自己的德行。头陀过的是严肃的生活方式，习惯了这种方式，就能吃苦、忍耐，不贪名闻，不求利养，一心一德，为法为人。我这样可以直接巩固僧团，间接利益众生，所以我愿意住在深山丛林或白骨累累的墓地，恳求佛陀慈悲，谅解我的心意。"

佛陀对大众赞许他，说："你们都听到长老大沸伽的话了吗？将来佛陀正法的毁灭，不是被天魔外道所破坏，而是僧团内部的腐化。大沸伽说得对，要想弘扬佛法，让真理之光永照人间，必先巩固僧团；要巩固僧团，就得过严肃的生活，你们要深思他的话。"

天眼第一——阿那律。

阿那律是佛陀的堂弟，当年和跋提王子等七人一同出家。阿那律长相英俊潇洒，风度翩翩，出家后，曾有美貌少女向他献媚示好，但被他这位信心坚定的沙门拒绝了，一时传为美谈，深受人们尊敬。

一次，佛陀在只园精舍说法时，阿那律因过分疲倦打起了瞌睡，受到佛陀的训诫，从此他便奋发精进，过着至晓未眠的日子，来磨炼自己贪睡的欲情，最终久累成疾，双眼失明了。后来佛陀教他如何修定可见到光明的法度，他按法修行，便得到了天眼，不论内外、不分远近都能看得到。所以他是佛陀弟子中的天眼第一。

持戒第一——优波离。

优波离出身首陀罗贱族，在王宫里担任理发工作。王子们出家时，他非常羡慕，但自忖出身贱族，不敢存有奢望，独自伤心哭泣。舍利弗知道了他的心意，便安慰他说："你不必自卑，佛法如大海，不厌众流，众生不分贫富贵贱，只要信仰佛陀，就能得到佛陀慈悲的庇护。"

优波离喜出望外地跟随舍利弗来到了佛陀座前，佛陀慈祥，知道他根器不小，便允许他出家，做了佛陀的弟子。佛陀的预言果然没错，优波离出家后严持戒律，所以称持戒第一。

多闻第一——阿难。

阿难是佛陀的堂弟，传说他生于佛陀成道之夜，25岁时剃度出家，是僧团中年纪最轻的。他聪明，人缘好，佛陀也非常喜欢他，他经常在佛陀左右，佛陀常常单独与阿难说教，所以阿难以多闻见称。

一次，阿难做了个稀奇古怪的梦，他第二天便去请教佛陀。他问道："佛陀，都说日有所思，夜有所梦，梦本不值得重视。但是，我昨天做的梦实在太奇怪了，恳求佛陀慈悲开示，帮我解说。我梦到大江河流都被烈焰燃烧；太阳沉落，娑婆世界一片黑暗，我吃力地顶着须弥山；比丘们没有依照佛制披袈裟；他们法衣不全，在荆棘中踯躅；有很多山猪在刨掘大树根部；小象不听从大象的话，任意践踏青草，搅浑了清澈的河水，大象只好远去，去草茂水清的地方，那些小象却因水涸草枯饥渴而死；百兽之王的狮子死去，飞鸟虫兽不敢啄噬，但是从狮子的体内生出了虫，吃了狮王的肉。真不懂这么奇怪的梦是什么意思。"

佛陀听后，面露忧容，他说："你梦中的七件事，早在我意料之中，我可以一一为你解说。第一，你梦见大江河流

162

被烈焰焚烧，这象征着将来僧团中的比丘会违犯佛规，互相争斗。第二，你梦见太阳沉落，一片黑暗，你顶着须弥山，这表示佛陀 90 天后，便入涅槃，你将要为大众比丘及诸天人民启受经教。第三，你梦见比丘不按佛制披袈裟，这说明佛陀涅槃后，未来的比丘对佛陀经法只是口头宣讲，并不奉行。第四，比丘法衣不全，踯躅在荆棘中，表示佛陀涅槃后，将会有很多的比丘穿着俗衣，弃戒乐俗，育养妻子。第五，山猪刨掘树根，象征佛陀涅槃后，未来的比丘不宣扬佛陀正法，只为生计打算，靠贩卖如来、经书为生。第六，小象践踏青草，搅浊清流，表示佛陀涅槃后，未来僧团中有持戒长老及明经比丘，对年少后学讲说罪福追人，如影随形，哪里知道年少后学不肯信受奉行，死后终入地狱。第七，你梦见狮王死后，飞鸟虫兽不敢啄噬，而被狮身自出之虫食咬，因为佛陀在世时广说经法，佛陀涅槃后，没有任何外道能破坏佛陀正法，反而是佛陀在家出家七众（佛语，指比丘、比丘尼、六法尼、沙弥、沙弥尼、优婆塞、优婆夷）弟子，自坏我法。阿难，以上七件事，便是未来佛法的征兆。"

密行第一——罗睺罗。

密行是佛家语，意思是蕴善在内。

罗睺罗是佛陀还是太子时所生的儿子，他 15 岁出家，佛陀为他创立了沙弥制度，让他拜舍利弗为师。他从小便懂得佛陀忍辱的教示。

罗睺罗 20 岁时，取得了比丘的资格。机缘成熟，他已能领悟佛陀的教示，佛陀很高兴，好像卸下了肩头重担。

后期的教化

佛陀已 80 高龄，但仍在不辞辛苦地往来于各地教化。一次他离开王舍城，渡过恒河进入越只国，经过了很多的市镇与村庄。佛陀知道以应身住世度化的因缘，终究有完结的时候，因此在越只国说法的次数很多，希望把教法多多教给大家。佛陀转道前往毗舍离国时，又先在巴连弗城说法。佛陀对信众们说："你们信奉我的教法，首先要皈依三宝（佛、法、僧）。然后严守五戒：不乱杀、不乱取、不乱淫、不乱说、不乱吃。受戒的人有五种功德：一是所求皆能如愿，二是所有净财益发增加，三是处处受人尊敬，四是美誉传播四方，五是死后得升天上。守此五戒的人如果能再加多培植福德因缘和念佛，便能去往生不退转的西方极乐世界。如果不念佛又再犯戒，会有五种损害：一是求财不如愿，二是得到的财也容易散失，三是到处被人轻视，四是恶名远播，五是死后坠入地狱。"

当时，阿阇世王和越只国间有些嫌隙，几乎要引发战争，但受佛陀的精神感召而消灭了这一场争端。

佛陀又让阿难把巴连弗城的比丘、比丘尼，以及皈依的信徒再次集合，佛陀要用住世的余力教示弟子。佛陀对大家说："我现在要和你们说七不退转法，你们要牢牢记住。那就是：第一，常讲正义的话。第二，上下和爱，彼此尊重。第三，奉法做事，不可违背法制。第四，尊敬学识渊博和努力弘法的比丘。第五，信仰要坚定，要有尊孝之心。第六，面对名利，要先人后己，不必积储财宝。第七，修学涅槃正道，不可顺从欲情。

"另外，还要记住七法：一、凡事要求少，做得多。二、态度沉静，少言，说话仁慈，不出恶语。三、不贪睡，不懒惰；常行仁慈之事，不祸害众生。四、为众生做事，不要以利己为先。五、不要夸奖自我、诋毁他人，对人要有悲悯之心。六、不和恶人相处，多近善友。七、求法、守法、弘法，不忘真理运动。

"各位弟子如果能奉行此七不退转法，千万年后佛陀的教法一定会与日月同光，普救世人。"

一批离车族人听说佛陀住世不久，即将进入涅槃，特地赶来，请求佛陀为他们开示。

佛陀带阿难等来到了遮婆罗塔，对聚集在那里的众多比丘说："今天有机缘和大家在一起，我非常高兴。我自从成道证得正觉以来，爱护比丘及一切弟子，教化大众，赐福大众，把欢喜布施给人，慈悲对待一切众生。我应身的年龄老了，如同一辆终将损坏的旧车，即使保养修理，也不是根本的方法。我告诉大家，三个月后，我将在拘尸那迦的跋提河边的娑罗双树间依着法性进入涅槃，获得无上的安稳。你们不必伤心，天地万物，有生以来便是无常之相，谁都逃不出这个定律。有合便有离，有生就有死，肉体是不可能永久长存的，佛陀的应身也不能违背这个自然规则。我当然也不能违背法性，如果大家不按我的指示而行，即便我能活千万年，也没有什么用。如果大家能切实执行我的教法，等于我一直活在大家心中，我的法身慧命会与你们及未来的众生共在一起。"

随后，佛陀又起程经过波婆城的阇头园，在那里接受了金银匠淳陀供养的旃檀茸（一种菌类）。

传说佛陀吃了淳陀供养的旃檀茸后，感觉有点不舒服，因为这种食物不易消化。但是佛陀没有停留，仍然一路前行。途中阿难曾请示佛陀涅槃后的葬法问题，佛陀把转轮圣王的葬法告诉了他："先用香汤洗体，然后用新棉花包里，在这上面再加五百毛毡，放入金棺，棺内浇上麻油。最后把金棺放入铁椁里，外用旃檀的香廓围绕，上面堆放名香，四周放置鲜花……然后用三昧真火荼毗，你们收拾舍利（佛语，又称舍利子，是佛身荼毗后结成的珠状物体，光亮坚固），在十字路口建立塔寺，供路人思慕、信仰。"

不久后，佛陀进入了拘尸那迦城。他吩咐阿难在娑罗双树间放座设床，头朝北面向西。因为教法将向北方弘传，未来会在西方兴盛。

阿难知道佛陀将在今夜进入涅槃，他伤心之余和大家商量，认为应该请示有关未来正法久住的问题。大家都推阿难向佛陀请示："我们有四个问题，请佛陀指示：一、佛陀涅槃后，我们依谁为师？二、依什么安住？三、如何制伏恶人？四、佛陀住世时，佛陀的言教，大家容易相信，佛陀涅槃后，该如何取信于人？"

佛陀慈祥地说道："这四点确实很重要，如果舍利弗和目犍连还在的话，就不会像你们这样，大沸伽此刻正在途中，我涅槃前，他来不及赶到。现在我就答复这四个问题：第一，我涅槃后，你们依波罗提木叉为师。第二，应依四念处（佛语，身念处、受念处、心念处、法念处）安住。第三，对恶人要以沉默处置。第四，经典如何让人起信，要在所有的经典之前，加上'如是我闻'。

"阿难，你们要常常思慕佛陀的生处、悟处、说法处、涅槃处。你们身、口、意都要常常行慈。你们要认识法性，如果佛陀以应身住世的话，这都是无常之相，只有进入涅槃，你们依法而行，就如同佛陀常住世间，你们不要悲伤，赶快去给我敷座设床。"

有位名叫须跋陀罗的外道，当时已经一百多岁，是外道中很有学识道德的长者，然而一直没机会听闻正法，所以始终没有开悟。他听说佛陀要在这里涅槃，心想，慧灯即将熄灭，法船将要沉没，一定要借此机会向佛陀请教，以解胸中疑团。他到达了婆罗双树间，阿难等人以为他是来与佛陀辩论的，准备上前阻止，他恳切地表示，佛世难遇，正法难闻，他是因为心中有个疑团，才特地赶来请教佛陀的。

佛陀对阿难说："这个人名叫须跋陀罗，他是我最后的弟子，你把他带过来，让我来为他解除心中的疑惑。"

阿难把这位年高的外道领到佛陀面前，他满心喜悦地向佛陀顶礼后，请示道："佛陀，世间所有的沙门、婆罗门人、六师外道，都认为自己是一切智人。除此之外，其他的宗教都是邪宗邪教，自己所行的才是解脱大道，别人都是走入歧途。他们总是相互批评、非难。我想请问佛陀到底该如何区分正邪？标准是什么？究竟该如何才能得到解脱？"

佛陀微笑着回答："须跋陀罗，我很高兴为你解答。世上任何的修行者，如果认识不到诸法无常、诸法无我、涅槃寂静的三法印，那就认识不了诸法的根本。如果不修学八圣道，那就不是真正的修道者，自然也就不能获得自在和解脱。只有佛陀的法中才有八圣道，也只有佛陀的教法中才有真正的解脱之门。看看外道的教法，他们不依照三法印，没有八正道，当然得不到解脱。他们所谓的解脱，只是妄语。

"须跋陀罗！我降生在80年前的四月初八，受教育时也曾经被六师外道所迷惑，我19岁那年的十二月初八出家，35岁那年的二月初八在菩提树下成道，今天是80岁的二月十五，我午夜时将在此涅槃，我涅槃后，会把正法留在人间，信仰的人一定能获得解脱，要记住佛陀才是一切智慧之源。"须跋陀罗听了佛陀的真理说教，心中的迷雾顿时消失，当时便证得了阿罗汉果（依照佛的教导修习四圣谛，脱离生死轮回达到涅槃的圣者）。他恭敬顶礼，做了佛陀住世的最后一名弟子,并且在佛陀身旁先入了涅槃。在场的人都深受感动。

佛陀以吉祥卧(佛教的一种修行姿势,意即朝右侧卧躺)的姿势躺在婆罗双树间的床上,这时,风停林静,鸟兽不再鸣叫,百花也凋萎了,四周安静,格外寂寞萧条。佛陀心如止水,静静地向诸弟子作最后的教示:

> 诸比丘弟子,我涅槃后,你们要尊波罗提木叉为师,善为受持,不要遗忘。戒便是指导你们的大师,你们持戒,如同穷人得宝,是黑暗中的明灯。这与我住世时,没什么区别。

> 你们要弘扬正法,继续自利利人和救人救世的真理运动,不要贪图财利,做买卖、置家产。你们修道利人,自会有人供养,不必为生活担心。要奉行正法,不要占卜念咒、卖仙药。不要贪图权贵,阳奉阴违,要洁身自爱,端正身心,正念求度,不可显异惑众。

> 你们要节制六根,不要让六根追逐六尘,以免放纵堕落,一定要知道六根之害,殃及累世,千万要慎重!眼、耳、鼻、舌、身、意的六根都是以心为主,大家必须要制心,心思比毒蛇猛兽都要可怕。放纵心意,就像是狂象无钩、猿猴得树,会抛弃一切善事。你们一定要精进修道,把心放在安静的境界里。

> 接受他人的饮食供养,就当做服药,好坏都不要增减,不要起贪瞋之心,因为饮食只是滋养色身、解

除饥渴所需之物。

你们如果遇到恶人的加害，不要起瞋恨之念，也不要口出恶言。要知道起了瞋恚之心，会妨碍修道，破诸善法。忍的美德，不是持戒与苦行能比的，如果不能用欢喜之心忍受恶骂，就不能成为有道的智者。

你们不能有骄慢心、妄语心、欺诳心、悭吝心。心宣端正，质直为本。

你们知道，多欲的人，苦恼也多；少欲的人，才能住在安稳的世界里。想要脱离苦恼，就要知足，知足才是幸福安乐之道。

诸位比丘弟子，在生死大海中，你们要乘坐智慧的法船，渡过愚痴爱执的浊流，点起智慧的火炬，通过世间。你们要常常使用闻、思、修的智慧，才能进入到三摩地（佛家说法，意思是正定，就是让心在一个境界不散乱的意思）。你们要牢牢记住我说的法，不要遗忘。我就是一个医生，我知道你们的病，告诉了你们药，吃不吃药，错就不在医生了。我的善导就是要让大家从善，听过了，不执行，错不在导。

我说过的四圣谛、十二因缘，都是宇宙的人生真理。我将进入涅槃，你们还有什么疑问，赶快提出来。

夜色已深，万籁俱寂，大家连呼吸都不敢出声，静静地听佛陀最后的法语。佛陀问他们有无疑问，他们都沉默无语，大家对佛陀的真理，没有丝毫疑惑。

进入涅槃

二月十五午夜，月光格外明亮，流星划过清澈幽深的长空，大家都沐浴在佛陀爱的慈光里。佛陀见时刻将到，便慈祥地对众弟子们作最后叮咛："不要悲伤，我的肉体即使住世千万年，最后还是要离去，这是不变的道理。这个世间已经有四圣谛和十二因缘之法，大家都会明白自利利人的道理，佛法已经具备，我进入涅槃后会常在法住中照顾你们，没有什么可悲哀的了！我所要度的众生都已度尽，没有度的，都已经做了得度的因缘，肉体已经没有存在的必要了，你们能按我的教法行事，那就是佛陀法身常在之处。"

释迦牟尼说完这些话，便安静地进入了涅槃！

这时，婆罗双树变成了白色，乌云遮住了皓月，风从四面吹来，山川震撼，群鸟乱鸣，百兽狂奔，天人击鼓打锣悲叹传报，弟子们顿足哀号，一切都在为三界导师佛陀的涅槃致哀。

弟子们用金棺收殓他的圣体，棺上用宝幢幡盖装饰，香花撒满四周。大沸伽从远方赶来，抚棺痛哭。他跪下顶礼说："慈悲的救主！伟大的佛陀！您请放心，我们一定会依照佛陀的足步而行，您永观的寿命会在世间长存，甘露之法会流

菩提伽耶，佛陀舍利塔

布各方，慈悲德光会庇护一切，您就像那永远不灭的太阳。"

佛陀荼昆后的舍利子，被拘尸那迦城的末罗族所得，其他各国不服，后经调解，由摩竭陀国阿阇世王领导，八国共分，建塔供养。

佛陀涅槃后的第 90 天，也就是五月十五，五百大阿罗汉的常随弟子公推大沸伽为上首，在距离竹林精舍西南不远的山上的大石室里，由多闻第一的阿难诵经藏，持戒第一的优波离诵律藏，经过大众的印可，完成了八万四千法门（佛语，诸佛所说的为世之则），作为生死海中的宝筏，也是佛典的第一次结集。